Visuelle Personenidentifizierung und polizeiliche Personenbeschreibung

AF545797

ISBN 978-3-86676-087-5

Steffi Burrath

Visuelle Personenidentifizierung und polizeiliche Personenbeschreibung

Praxishandbuch

ISBN 978-3-86676-087-5

Verlag für Polizeiwissenschaft
Prof. Dr. Clemens Lorei

Bibliografische Information der Deutschen Nationalbibliothek
Die Deutsche Nationalbibliothek verzeichnet diese Publikation in der Deutschen Nationalbibliografie; detaillierte bibliografische Daten sind im Internet über http://dnb.d-nb.de abrufbar.

Das Werk einschließlich aller seiner enthaltenen Teile inkl. Tabellen und Abbildungen ist urheberrechtlich geschützt. Nachdruck, Übersetzung, Vervielfältigung auf fotomechanischem oder elektronischem Wege und die Einspeicherung in Datenverarbeitungsanlagen sind nicht gestattet. Kein Teil dieses Werkes darf außerhalb der engen Grenzen des Urheberrechtsgesetzes ohne schriftliche Genehmigung in irgendeiner Form reproduziert, kopiert, übertragen oder eingespeichert werden.

© Urheberrecht und Copyright: 2009 Verlag für Polizeiwissenschaft,
Prof. Dr. Clemens Lorei, Frankfurt

Alle Rechte vorbehalten.

Verlag für Polizeiwissenschaft, Prof. Dr. Clemens Lorei
Eschersheimer Landstraße 508 • 60433 Frankfurt
Telefon/Telefax 0 69/51 37 54 • verlag@polizeiwissenschaft.de
www.polizeiwissenschaft.de

Printed in Germany

INHALTSVERZEICHNIS

Abschnitt B - Polizeiliche Personenbeschreibung

<u>Anlagen</u>

Vorwort

Die folgenden Ausführungen wenden sich an diejenigen Mitarbeiter von Polizei, Justiz und anderen Behörden, die das Aussehen von Personen bzw. Gesichtern detailliert beschreiben bzw. Personen anhand von Gesichtern identifizieren wollen.
Sie sind als Arbeitsanleitung zum intensiven Betrachten und mündlichen oder schriftlichen Dokumentieren der beobachteten Merkmale einer Person oder eines Gesichtes gedacht.

Im Zeitalter der digitalisierten Datenbanken kann eine detailgetreue Gesichtsbeschreibung (z. B. im Erkennungsdienst der Polizei) die Treffergenauigkeit bei Recherchen nach unbekannten Personen erheblich verbessern und die Aufklärung von Straftaten beschleunigen.
Doch oft sind die Personenbeschreibungen noch zu sehr subjektiv geprägt und es werden keine einheitlichen Termini gebraucht.

Das vorliegende Praxishandbuch soll der Vereinheitlichung der Personenbeschreibung dienen, aber auch die Identifizierung von Personen anhand von Gesichtsmerkmalen ausführlich behandeln.

Im Abschnitt A sind Hinweise zur Vorbereitung und Durchführung eines Vergleichs von Personen anhand von Lichtbildern enthalten.
Anhand von Beispielzeichnungen werden alle Gesichtsmerkmale und deren Ausprägungen umfassend dargestellt und Hinweise zu deren Veränderungsmöglichkeiten gegeben.

Aktuelle Fachtermini, die im polizeilichen Erkennungsdienst verwendet werden, sind im Abschnitt B beschrieben und teilweise anhand von Beispielen erläutert.

Abschnitt A

Visuelle Personenidentifizierung

Visuelle Personenidentifizierung

1. Einleitung

Die Methode der visuellen Personenidentifizierung beruht auf dem Vergleich der Formausprägung der Merkmale eines Gesichtes und entstammt der wissenschaftlichen Methode der Vaterschaftsbegutachtung, die ab dem 19. Jahrhundert in Deutschland angewendet wurde.

Da in der Biologie kein Lebewesen dem anderen 100%-ig gleicht, können auf Grund der Unterschiedlichkeit der Merkmale Individuen voneinander unterschieden werden.
Dies gilt selbst für eineiige Zwillinge, da auch sie kleine Unterschiede in den Merkmalsausprägungen (z. B. unterschiedliche Hautverfärbungen) besitzen und sich im Laufe ihres Lebens die angeborenen Merkmale unterschiedlich entwickeln.

Die Identitätsprüfung anhand der Gesichtsmerkmale ist eine von der Justiz anerkannte Methode der Begutachtung, sofern sie von fachkundigen, gründlich ausgebildeten Personen durchgeführt wird.
Diese Spezialisten sollten nicht nur die in diesem Buch genannten Fachbegriffe der Gesichtsmerkmale kennen, sondern müssen auch unbedingt einen geschulten Blick für Proportionen und räumliches Vorstellungsvermögen mitbringen.

Für die richtige Interpretation der Merkmalsausprägungen ist eine langjährige Erfahrung notwendig. Deshalb sind die folgenden Kapitel für interessierte Sachbearbeiter und Juristen als Einführung und Erläuterung der Materie gedacht.

Ausgebildeten Sachverständigen hingegen kann es als kleines Nachschlagewerk für die Merkmalsbezeichnungen und -veränderungen des Gesichtes dienen.

2. Anwendungsgebiete

Identitätsprüfungen anhand des Gesichtes kommen in vielen Bereichen des täglichen Lebens zur Anwendung: bei Ausweis- und Passkontrollen an Flughäfen, bei der Autovermietung oder auch bei Antragstellungen oder Identitätsprüfungen in den verschiedensten Behörden.

In manchen Fällen muss das Lichtbild in einem Ausweis mit einer Person, der man gerade gegenüber steht, verglichen werden.
Oft stehen die Mitarbeiter an Flughafenkontrollen und anderen Schwerpunkten, an denen viele Personen zu identifizieren sind, unter Zeitdruck. Das sind sehr schlechte Voraussetzungen für eine sichere Identifizierung.
Hier ist ein gut trainierter Blick für die wesentlichen Merkmale von Nöten. Besonders, wenn man bedenkt, dass das Bild im Ausweis manchmal schon älteren Datums ist und die Person sich inzwischen verändert hat oder das Lichtbild durch spiegelnde Folien schlecht erkennbar ist.

In den folgenden Ausführungen wird verstärkt auf die Gutachten zur visuellen Personenidentifizierung anhand des Gesichtes eingegangen, die ohne Zeitdruck nach gründlichem Betrachten abgegeben werden.

Sie werden von der Polizei, Justiz oder von Ordnungsämtern in Auftrag gegeben und sind notwendig, wenn keine Fingerabdrücke oder DNA-Material, dafür aber Abbildungen einer Person existieren, die verglichen werden können.

Sie finden bei folgenden Maßnahmen Anwendung:

Straftaten, die durch Überwachungskameras aufgezeichnet wurden

- Computerbetrug mit EC-Karten,
- Bank- oder Kaufhausüberfall oder Einbruch in überwachte Räume,
- gewalttätige Demonstrationen, Sachbeschädigungen,
- Verkehrsordnungswidrigkeiten (Geschwindigkeitsüberschreitungen auch im Zusammenhang mit Kfz-Diebstahl usw.)

Verstöße gegen das Aufenthaltsgesetz oder andere Alias-Identitäten

- falsche Papiere,
- mehrere Pässe (teilweise mit unterschiedlichen Personalien),
- Mehrfachanträge in Ausländer-/Sozialämtern usw.

oder zur Identifizierung vermisster bzw. toter Personen.

Zukünftig werden außerdem speziell ausgebildete Experten für die Auswertung von Programmen zum biometrischen Gesichtsvergleich benötigt.

Das Rechercheergebnis dieser Software bringt in der Regel mehrere Personen zur Anzeige, die dem gesuchten Gesicht stark ähneln. Jedes dieser Gesichter ist mittels visueller Personenidentifizierung auf ihre übereinstimmende Identität hin zu überprüfen.
Die identifizierten Personen können dann mittels detaillierter Gesichtsbeschreibung als so genannte „Treffer“ nachgewiesen werden.

In Strafprozessen sind ausführliche schriftliche Gutachten zur Dokumentation des Untersuchungsverlaufs, der Ausprägung der Detailmerkmale und des Endresultates anzufertigen.
Die Endresultate können bei guter Qualität des Vergleichsmaterials im Wahrscheinlichkeitsbereich liegen und beweiserheblich in das Verfahren eingehen oder bei schlecht erkennbaren Merkmalen eine tendenzielle Aussage beinhalten (siehe auch Seite 17, Punkt 4.3).

3. Voraussetzungen und Qualitätsansprüche

Voraussetzung für eine erfolgreiche Identifizierung mit beweiserheblichem Endresultat ist das Vorliegen von Vergleichsaufnahmen mit guter Erkennbarkeit der Gesichtsmerkmale auf den Abbildungen. Dies ist nur bei qualitativ hochwertigen Lichtbildern der Fall.
Große Vorsicht ist geboten bei Bildern mit schwacher Auflösung oder Bildstörungen, wie Videoaufnahmen oder Kopien. Da hier oft nur wenige allgemeine Merkmale und grobe Formgebungen erkennbar sind, können bei ähnlich proportionierten Gesichtern nicht immer endgültige Aussagen zur Identität getroffen werden (siehe auch Abb. 1 und Seite 65, Kapitel 9).

Abb. 1: Probleme beim Vergleichen ähnlicher Gesichter bei schlechter Bildqualität

Videoaufnahmen aus größerer Entfernung oder Kopien sind für einen detaillierten Vergleich meist ungeeignet. Aus diesem Grund sollten möglichst immer Originalaufnahmen begutachtet werden, z. B.:

- Negative (z. B. von der Verkehrsüberwachung),
- Originalbänder der Überwachungskameras der Geldinstitute (falls nur Ausdrucke vorhanden sind, **alle** Bilder in den Vergleich einbeziehen),
- Pässe im Original oder Anträge mit Originalfoto.

Werden die Lichtbilder im Computer verglichen, sollte man digitale Originalbilder anfordern oder hoch auflösend einscannen (siehe auch Seite 16, Punkt 4.1).

Es sind möglichst immer Vergleichsaufnahmen von Personen zu verwenden, die aus dem gleichen Blickwinkel fotografiert wurden. Zusätzliche Aufnahmen aus anderen Blickwinkeln sind oft hilfreich, besonders bei schlechten Aufnahmequalitäten.

Aussagekräftige Untersuchungen zum Identitätsnachweis mittels Lichtbild können meist nur mit Abbildungen geführt werden, die aus ähnlichen *„Wuchsstadien"* stammen.
Das heißt: Kinderfotos sollten nur mit anderen Kinderfotos abgeglichen werden; Jugendliche können mit Kinderfotos oder Bildern von jungen Erwachsenen und Erwachsene besser mit Abbildungen von Erwachsenen verglichen werden.

Es ist daher angeraten, nur Fotos innerhalb folgender Altersgruppen zum Vergleich zu verwenden:

Zur Identifizierung von:

- Kleinkindern	Abbildungen im Bereich zwischen	3 - 8 Jahren
- Kindern	Abbildungen im Bereich zwischen	6 - 14 Jahren
- Jugendlichen	Abbildungen im Bereich zwischen	12 - 18 Jahren
- Heranwachsenden	Abbildungen im Bereich zwischen	15 - 25 Jahren
- Erwachsenen	Abbildungen im Bereich zwischen	18 - ~ Jahren

Liegen Fotos aus verschiedenen Wuchsstadien zum Vergleich vor, ist dieses zwar meist möglich, aber das Endresultat erreicht oft nicht die höchsten Wahrscheinlichkeitsbereiche.

4. Ablauf und Methoden der Begutachtung

Die gesamte Begutachtung erfolgt gründlich und ohne Zeitdruck. Schnelle Vorauskünfte sind zu vermeiden, da hier kleine Details übersehen werden könnten.
Der Gutachter muss frei von jeglicher Beeinflussung sein. Er sollte möglichst keine Kenntnis über andere Ermittlungsergebnisse haben, die unbewusst seine Unvoreingenommenheit beeinflussen könnten.

In Zweifelsfällen findet das „Mehraugenprinzip“ Anwendung, das heißt mehrere Personen begutachten die Bilder und vergleichen ihre Feststellungen.

Gutachten sind generell allgemein verständlich abzufassen und sollten keine lateinischen Bezeichnungen für die Merkmalsbeschreibungen enthalten. Falls doch in einem Gutachten lateinische Begriffe verwendet wurden, sind einige wichtige Begriffe in der Anlage ab Seite 110 latein - deutsch sowie deutsch - latein übersetzt.

4.1 Vorbereitung des Vergleichsmaterials

Die übersandten Bildmaterialien werden auf Eignung für den visuellen Vergleich geprüft. Sind Detailmerkmale des Gesichtes erkennbar, werden die Lichtbilder digitalisiert.

Dabei hat sich folgende *Bildauflösung* als vorteilhaft herausgestellt:

Größe des abgebildeten Gesichtes	Scanner-/Bildauflösung
kleiner als 2,0 cm	1200 dpi
2,0 bis 7,0 cm	600 dpi
7,0 bis 20,0 cm	300 dpi
größer als 20,0 cm	150 dpi

Bei Kopien oder grob gerasterten Abbildungen ist immer die nächst höhere Auflösung zu wählen.
Beim Scannen dürfen keine automatischen Bildverbesserungsmaßnahmen (wie z.B. Schärfen, Weichzeichnen oder Kontrastveränderungen) vorgenommen werden, da sich dadurch einzelne Pixel und Linienführungen unkontrolliert verändern könnten.

Liegen die Bilder digitalisiert vor, können sie in einem Bildbearbeitungsprogramm (z. B. Photoshop) vergrößert und betrachtet werden.
Manuell werden hier bei Notwendigkeit leichte Bildverbesserungen über Kontrast-, Helligkeit- oder Farbsteuerungen vorgenommen. Dabei ist das Motiv zu beobachten und darauf zu achten, dass die Grundstruktur der Pixel nicht verändert werden darf, also keine Veränderung des Bildinhaltes erfolgt (siehe auch Seite 70, Punkt 9.2).

4.2 Ablauf der Begutachtung

Die Vergleichsbilder werden möglichst in ähnlicher Vergrößerung nebeneinander gelegt und jedes einzelne Detailmerkmal des Gesichtes wird auf allen Abbildungen miteinander verglichen.
Die Begutachtung beginnt meist oben am Kopf und wird der Reihe nach nach unten fortgeführt. Ist eine ausführliche schriftliche Dokumentation notwendig, wird jedes Merkmal nummeriert und in seiner Ausprägung und Formgebung detailliert beschrieben (siehe Seite 21 ff., Punkt 5).

Äußere Einflüsse, die sich auf die Darstellung der Merkmale auswirken, müssen besonders berücksichtigt werden, wie z. B.

- unterschiedliche Perspektiven der Abbildungen,
- unterschiedliche Beleuchtung der Gesichter,
- Überblendung von Konturen und Merkmalen,
- Bildstörungen (Knicke, Kratzer, Beschriftung, schwache Auflösung u. a.),
- teilweise Verdeckung von Gesichtsteilen,
- bewusste Veränderung der Gesichtsmerkmale (Schminke, Haartracht),
- Veränderung des Motivs durch Medienbruch u. a.
  (siehe auch Seite 65 ff., Punkt 9).

Sollten sich Merkmale aufgrund äußerer Einflüsse oder Veränderungen des Gesichtes unterschiedlich darstellen, aber trotzdem identisch sein, wird im Gutachten darauf hingewiesen.

4.3 Ergebnis der Begutachtung

Am Ende der Begutachtung wird ein Endresultat gefällt. Bei einer ausreichenden Anzahl gut sichtbarer Merkmale kann eine Aussage im *Wahrscheinlichkeitsbereich* getroffen werden.
Hier gibt es z. B. folgende Abstufungen:

- wahrscheinlich identisch (bzw. nicht identisch)
- mit hoher Wahrscheinlichkeit identisch (bzw. nicht identisch)
- mit an Sicherheit grenzender Wahrscheinlichkeit identisch (bzw. nicht identisch)

„Wahrscheinlich identisch“ beinhaltet, dass der Gutachter davon überzeugt ist, dass es sich um ein und dieselbe Person auf den Abbildungen handelt, aber die Merkmale nicht ausreichen, um einen sehr ähnlich aussehenden Verwandten oder ‚Doppelgänger‘ endgültig auszuschließen.

Die Aussage **„mit hoher Wahrscheinlichkeit“** kann z. B. einen eineiigen Zwillingsbruder noch nicht ausschließen, während bei dem Resultat **„mit an Sicherheit grenzender Wahrscheinlichkeit“** keine Zweifel bestehen und auch der Zwillingsbruder von einer übereinstimmenden Identität ausgeschlossen ist.

Reicht die Qualität der Aufnahmen nicht aus, um eine beweiserhebliche Aussage im Wahrscheinlichkeitsbereich zu treffen, so kann doch oftmals eine tendenzielle Aussage für die ermittelnden Behörden von Nutzen sein. Hier können die Stufen:

- nicht auszuschließen   identisch bzw. nicht identisch
- deutet darauf hin   identisch bzw. nicht identisch

angewendet werden.

„Nicht auszuschließen identisch“ bedeutet: Es wurden keine individuelle Detailmerkmale, aber auch keine allgemeinen Merkmale, die gegen eine Identität sprechen, gefunden.

Bei der Aussage **„deutet darauf hin“** wurden einige allgemeine Merkmale gefunden und sehr wenige bzw. undeutlich erkennbare Detailmerkmale, die auf eine übereinstimmende Identität bzw. Nichtidentität hindeuten. Da aber hier die Möglichkeit besteht, dass auch andere, proportional ähnlich gestaltete Personen sich unter gleichen Bedingungen genauso darstellen würden, kann in diesem Fall keine Aussage im Wahrscheinlichkeitsbereich getroffen werden (siehe auch Beispiel Abb. 1).

Manche Gutachter verwenden leicht abgewandelte Abstufungen, wie z. B. die in den Standards der Arbeitsgruppe Identifikation nach Bildern (AGIB) veröffentlichten Stufen (siehe Internet unter www.bildidentifikation.de):

- Identität/ Nichtidentität   praktisch erwiesen
- Identität/ Nichtidentität   höchst wahrscheinlich
- Identität/ Nichtidentität   sehr wahrscheinlich
- Identität/ Nichtidentität   wahrscheinlich
- Identität   nicht entscheidbar

Es gibt keine feststehende Anzahl von Merkmalen, die für ein bestimmtes Endresultat notwendig sind, da die Gewichtung der Individualität jedes Merkmals - in Kombination mit der Anzahl der individuellen Details - Ausschlag gebend ist. Die Einschätzung hängt allein von der Erfahrung des Gutachters ab.
Vorteilhaft ist es, wenn ein Gutachter Zugang zu großen Fotodatenbanken hat, um eventuelle Merkmalshäufigkeiten in der Bevölkerung anhand dieser Datenbanken überprüfen zu können.

4.4 Ergänzende Methoden

Zusätzlich zum optischen Vergleich und der Beschreibung der Merkmale können auch Hilfsmittel zur Überprüfung der *Deckungsgleichheit* der Merkmale genutzt werden.

Dieses kann nur auf Abbildungen angewendet werden, die in exakt übereinstimmenden Perspektiven vorliegen.

Hier gibt es zwei Möglichkeiten:

- das Übereinanderlegen (Überblenden) von zwei Abbildungen und
- die Punktewolke.

Beim *Überblenden* werden zwei Abbildungen im Bildbearbeitungsprogramm als zwei Ebenen übereinander gelegt. Dabei wird die obere Ebene leicht transparent eingestellt, so dass das unten liegende Gesicht durchscheint. Das oben liegende Bild wird passend auf das untere skaliert, bis die Pupillen beider Bilder deckungsgleich übereinander liegen. Danach kann die Formgebung und proportionale Verteilung aller anatomischen Merkmale abgeglichen werden.

Die *Punktewolke* (siehe S. 20, Abb. 2) findet Anwendung, wenn ein Bild in guter und ein zweites in schlechterer Qualität, aber beide aus ein und demselben Blickwinkel vorliegen.

Hier werden die Pupillen auf einer horizontalen Linie ausgerichtet und die Köpfe auf einheitliche Größe vergrößert. Beide Abbildungen werden nebeneinander gelegt. Darüber wird eine neue Ebene erzeugt und auf dem gut erkennbaren Bild der Verlauf aller Merkmale mit Hilfe von Punkten nachgezeichnet.

Abb. 2: Vergleich mittels Punktewolke

Diese „Punktewolke“ wird kopiert und als neue Ebene über das schlechter erkennbare Bild geschoben. Hier können die Proportionen oder der Verlauf einiger Merkmale auf Abweichung oder Übereinstimmung geprüft werden. Dabei wird die Punktewolke manchmal auch verschoben, um leicht abweichende Perspektiven auszugleichen.
Bei Identität müssen immer alle dicht beieinander liegenden Merkmale deckungsgleich übereinander passen.

Lichtbilder, die leicht seitlich gedreht, aber in gleicher Kopfneigung von oben nach unten vorliegen, kann man mittels *Höhenlinien* vergleichen.
Auch hier werden beide Abbildungen auf eine Größe skaliert, nebeneinander gelegt und danach horizontale Linien über beide Gesichter gezogen, die die Höhen der Gesichtsmerkmale kennzeichnen (Haaransatz, Augenbrauen, Augen, Nasenwurzel, Nasenboden, Mundspalte, Schleimhautlippen, Kinnspitze usw.)

Diese oben genannten Methoden gelten generell nur als ergänzendes Hilfsmittel und dürfen nie losgelöst von der Merkmalsanalyse bei der Identifizierung einer Person Anwendung finden.

5. Gesichtsmerkmale und deren gutachterliche Betrachtung und Beschreibung

Im Folgenden werden die einzelnen anatomischen Detailmerkmale des Gesichtes anhand von Abbildungen erläutert und Beispielbegriffe für die Merkmalsanalyse aufgeführt.
Da ein Gutachten für alle Personen verständlich und nachvollziehbar sein sollte, wurden die Merkmalsbeschreibungen mit deutschen Bezeichnungen vorgenommen.
Als Grundlage für die Merkmalsbezeichnungen dienten die Literatur der Vaterschaftsbegutachtung, polizeiliche Fachtermini der Personenbeschreibung und Arbeitshinweise der Portraitzeichner *(siehe Literaturverzeichnis)*.

5.1 Gesichtsumrissformen, Gesichtsbereiche und -ebenen

5.1.1 Gesichtsumrissformen

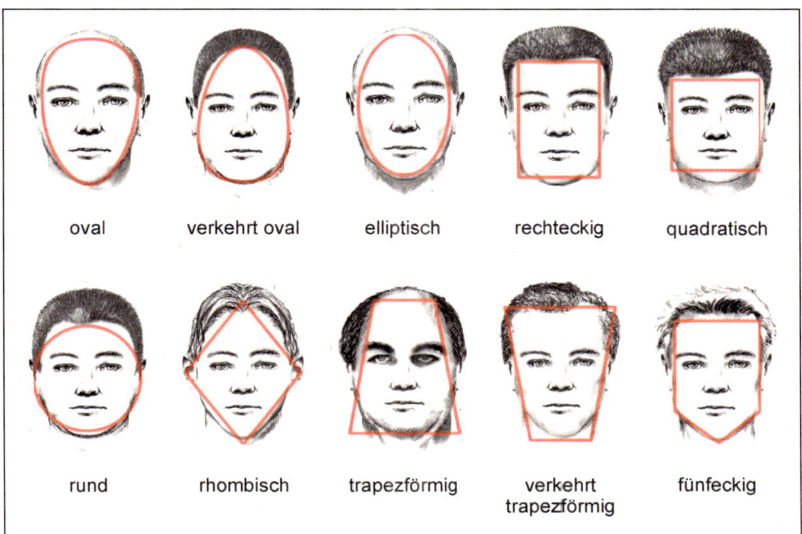

Abb. 3: Bezeichnungen der Gesichtsumrissformen und Beispielabbildungen

Die Formenbezeichnung bezieht sich meist auf das Gesichtsfeld und nicht auf die gesamte Kopfform.
Zusätzlich können Angaben, wie schmal, breit, voll, hager usw. gemacht werden oder auch Angaben zur Hautfarbe und Struktur, wie blass, gebräunt, rotwangig oder auch picklig, pockennarbig, sommersprossig o. a.

Durch andere Frisuren stellen sich die Gesichtsformen manchmal verändert dar.
Die Gesichtsform kann meist nur bei Frontalansichten des Gesichtes genau bestimmt werden. Bei gedrehter Kopfhaltung sind die Formen oft nicht mehr deutlich erkennbar.

In den verschiedenen Literaturquellen gibt es weitere Bezeichnungen für Gesichtsumrissformen.

Einige Quellen und Merkmalsbezeichnungen werden in folgender tabellarischer Übersicht dargestellt:

Literaturquelle	Merkmalsbezeichnungen
Knussmann (1961)	rundlich, spitz, eiförmig, oval, rhombisch, trapezförmig, rechteckig, fünfeckig, siebeneckig, schildförmig
Hunger/ Leopold (1978)	elliptisch, oval, rhombisch (Rautenform), bikonkav, kreisförmig (runde Form), viereckig, fünfeckig, trapezförmig (Pyramidenform), keilförmig (Kreiselform), unsymmetrisch
Schwiedezky/ Knussmann (1988)	oval, eiförmig, verkehrt eiförmig, rund, quadratisch, rechteckig, rhombisch, trapezförmig, umgekehrt trapezförmig, fünfeckig

5.1.2 Gesichts- und Kopfprofil

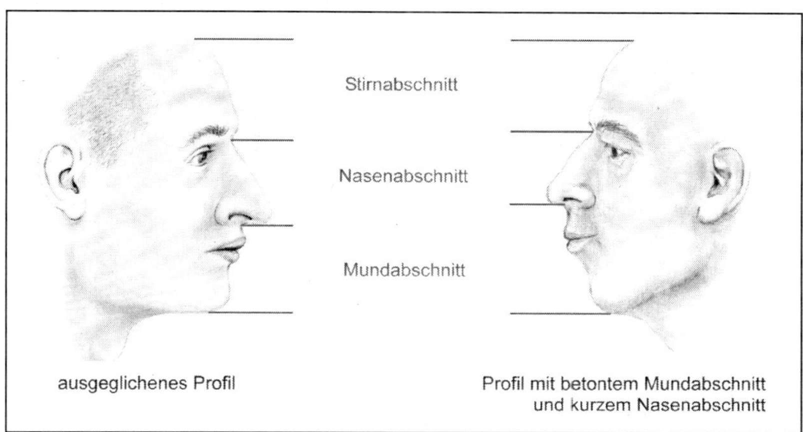

Abb. 4: Bezeichnungen der Profilabschnitte

In der Profilansicht kann der Kopf in drei Abschnitte eingeteilt werden: den Stirn-, Nasen- und Mundabschnitt. Die Proportionen zueinander sind ausgeglichen, wenn alle Bereiche etwa gleich hoch sind. Ist ein Bereich deutlich höher, wird er als betont bezeichnet.
Folgende Profilvarianten können auftreten:

- geradliniges Profil: Stirn- und Mundabschnitt verlaufen senkrecht untereinander auf einer Linie;
- eingebogenes Profil: der Nasenabschnitt liegt hinter einer vorstehenden Stirn- und Kinnpartie;
- bogiges Profil: Stirn- und Mundabschnitt verlaufen leicht fliehend;
- gewinkeltes Profil: Stirn- und Mundabschnitt verlaufen stark fliehend, der Nasenabschnitt steht weit vor;
- unten zurück geneigtes Profil: senkrechter Stirnabschnitt und fliehender Mundabschnitt;
- oben zurück geneigtes Profil: fliehender Stirnabschnitt und vorstehender Mundabschnitt.

Durch unterschiedliche Schädelformen sind besondere Formen des Hinterkopfes deutlich ausgeprägt. Man unterscheidet den besonders hohen bzw. niedrigen Kopf, den Spitzkopf, schräg ovalen Kopf, Sattelkopf, einen flachen, stark gewölbten oder eckigen Hinterkopf oder einen Hinterkopf mit Hinterkopfwulst (siehe S. 24, Abb. 5).
In verschiedenen Bevölkerungsgruppen können bestimmte Kopfformen überproportional stärker ausgeprägt sein. Zum Beispiel haben Asiaten

meist einen flacheren Hinterkopf als Europäer und Afrikaner oft einen weiter nach außen gewölbten Hinterkopf, aber es sind auch alle anderen Kopfformen vertreten.

Z.B. bei der Durchsicht von 300 Profilansichten von deutschen Männern (vorwiegend aus Sachsen-Anhalt) überwiegte leicht ein etwas flacherer Hinterkopf und mehrfach waren Hinterkopfwülste zu erkennen, aber auch alle anderen Formen waren vertreten.

Durch die Haare sind die eigentlichen Profilformen des Kopfes oft verdeckt. Frisuren täuschen einen runderen Hinterkopf vor oder lassen eine Sattelkopfform nicht erkennen.

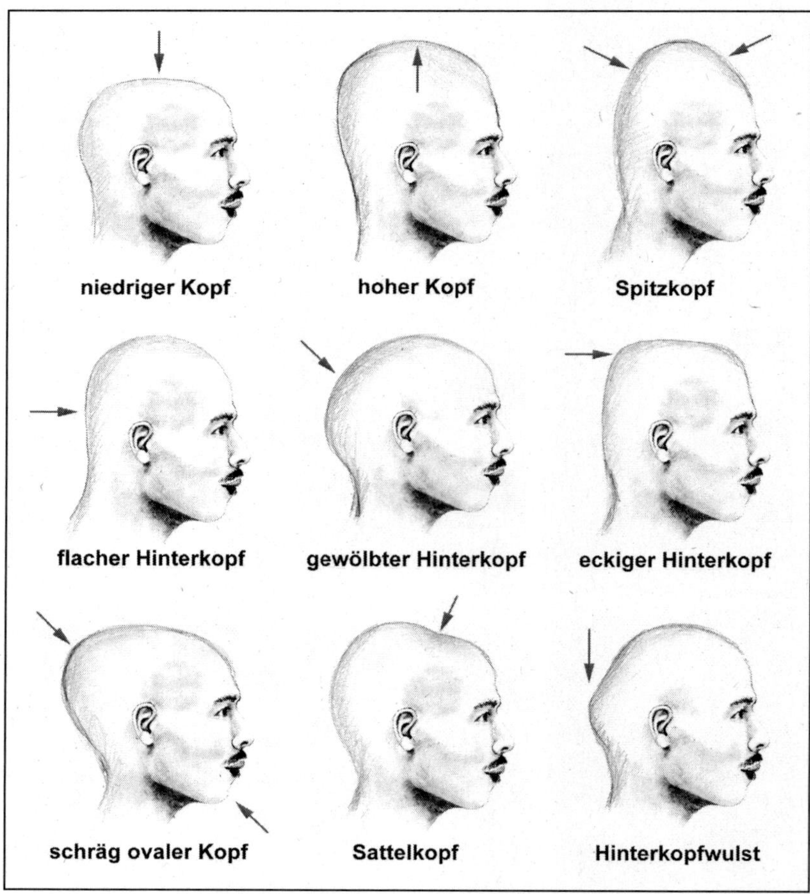

Abb. 5: Kopfformen in Profilansicht

5.1.3 Gesichtsbereiche und -ebenen

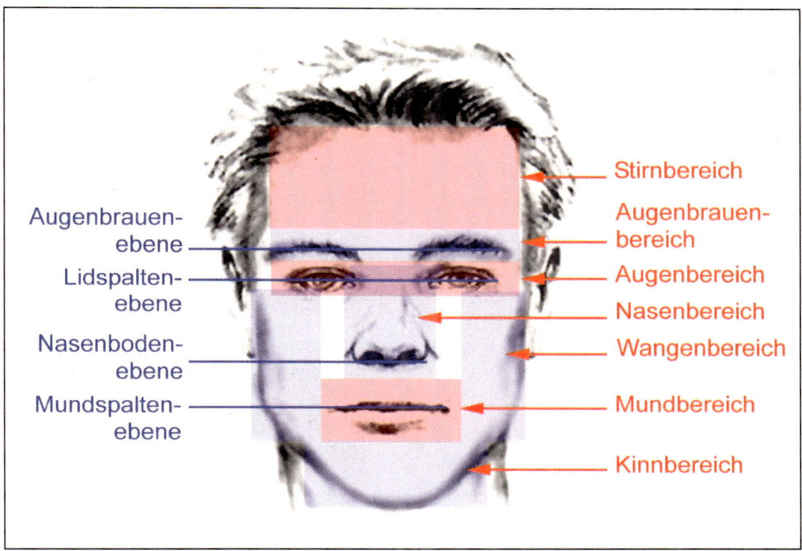

Abb. 6: Bezeichnung der Gesichtsbereiche/Gesichtspartien

Zu Beginn einer Begutachtung werden die einzelnen Gesichtspartien einem allgemeinen Vergleich unterzogen, der erste Hinweise zur Identität bzw. Nichtidentität liefert.

Liegen bei diesem Vergleich offensichtliche Formabweichungen in einem *Gesichtsbereich* vor, wird darauf hingewiesen und in dem anschließend folgenden Detailvergleich dieser Unterschied genauer untersucht und dokumentiert.

Sind in allen Gesichtspartien Ähnlichkeiten vorhanden, werden sämtliche Einzelmerkmale im Anschluss detaillierter untersucht und gewertet.

Zusätzlich zu den Bereichen kann das Gesicht in bestimmte *Ebenen* unterteilt werden, wie:

- die Augenbrauenebene,
- die Lidspaltenebene,
- die Nasenbodenebene und
- die Mundspaltenebene.

Zusammenfassung der möglichen Termini zur Beschreibung von

KOPFUMRISSFORM - KOPFFORM - GESICHTSFORM

Kopf- und/oder Gesichtsumrissform	elliptisch, oval, verkehrt oval, rund, rechteckig, rhombisch, quadratisch, trapezförmig, verkehrt trapezförmig, fünfeckig, keilförmig, bikonkav, asymmetrisch
Kopf von vorn	
Seitenwände	senkrecht, in der Mitte zusammen/auseinander führend, nach oben zusammen/auseinander führend
Scheitel	schwach/mittel/stark gewölbt, dachförmig, flach
Gesicht von vorn	niedrig, mittelhoch, hoch, schmal, mittelbreit, breit
Proportionen	Stirnabschnitt/Nasenabschnitt/ Mundabschnitt/ Kinnabschnitt betont/ausgeglichen
Jochbeine im Gesichtsumriss	schwach/mittel/stark betont
Kopf seitlich	
Kopfform	niedrig, hoch, schräg oval, Spitzkopf, Sattelkopf
Hinterkopf	eckig; flach/mittel/stark gewölbt
Scheitel	schwach/mittel/stark gewölbt
Scheitel nach hinten	schwach/mittel/stark ansteigend/abfallend
Ohrhöhe	niedrig, mittel, hoch
Gesicht seitlich	
Stirnabschnitt	steil, nach unten schwach/mittel/stark vorstehend, nach unten schwach/mittel/stark zurückweichend
Nasenabschnitt	nach unten schwach/mittel/stark vorstehend
Mund- und Kinnabschnitt	steil, nach unten schwach/mittel/stark vorstehend, nach unten schwach/mittel/stark zurückweichend
Relief	flach, mittel, tief
Jochbeine im Profil	schwach/mittel/stark betont

5.2 Furchen und Falten

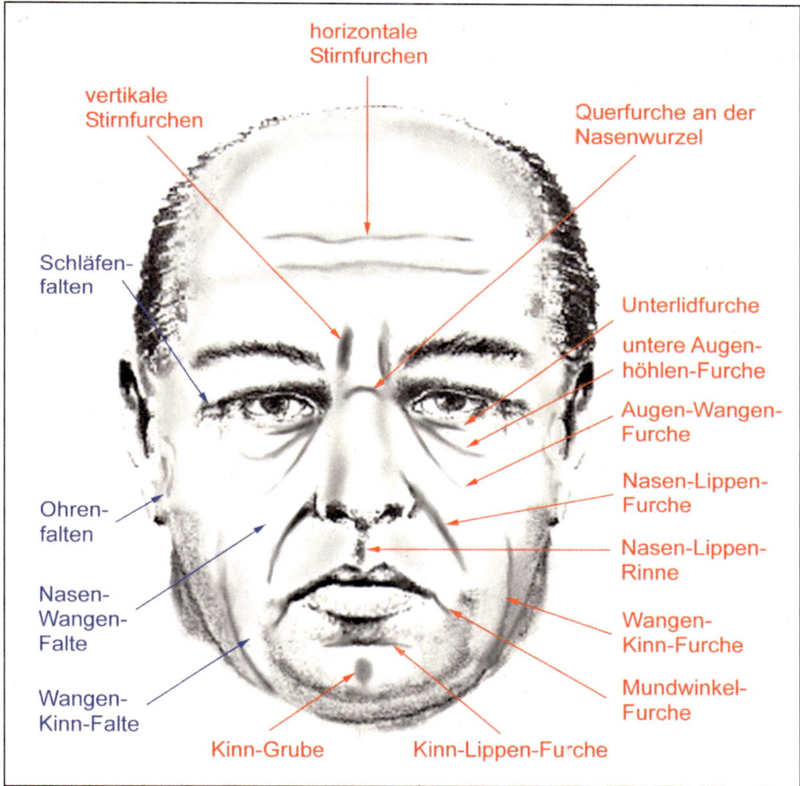

Abb. 7: Bezeichnung der Furchen und Falten

Im Verlauf des Lebens bilden sich auf der Hautoberfläche *Furchen* und *Falten*. Falten sind Hauterhebungen und Furchen die Vertiefungen.
Sie entstehen durch Zusammenziehungen der Muskeln und des Untergewebes immer oberhalb der Muskelpartien und quer (im 90°-Winkel) zum Muskelverlauf. Dort, wo verstärkt Haut- und Weichteilbewegungen stattfinden, verbleiben durch mangelnde Spannkraft und Rückglättung des Gewebes im Laufe der Zeit Furchen und Falten nach der Muskelkontraktion.
Die Veranlagung zur Faltenbildung ist erblich bedingt und wird von Umweltfaktoren mit beeinflusst.

Die Lage jeder einzelnen Furche ist vom Aufbau des Muskelgewebes auf dem Schädel sowie der Mimik des einzelnen Individuums abhängig und individuell ausgeprägt. Selbst eineiige Zwillinge entwickeln durch leicht abweichende Mimik individuelle Furchen und Falten.

Die Schläfenfalten an den äußeren Augenwinkeln werden im Volksmund auch ‚Krähenfüße' oder ‚Lachfalten' genannt.

Das Doppelkinn eines Menschen resultiert letztendlich auch aus Furchen und einer Falte unter der Kinnspitze.

Die Furchen und Falten können in ihrer Anzahl, Lage, Form, Länge und Tiefe beschrieben werden und verstärken sich mit Zunahme des Alters.

5.3 Haare/Haaransatz

Die Haare unterscheiden sich durch ihre Haarfarbe, -fülle, -struktur, Frisur und den Verlauf des Haaransatzes (siehe auch Abschnitt B, Seite 92 ff.).

Haarfarben unterliegen besonders bei Frauen stark der Mode. Es gibt die Naturfarben: weiß, grau, grau meliert, hellblond, mittelblond, dunkelblond, rot, rotblond, hellbraun, braun, dunkelbraun und schwarz. Zusätzlich existieren verschiedenste künstliche Farben. Einige Beispiele sind: Kastanie, Rotbuche, Koralle, Aubergine und viele andere. Die Bezeichnungen der künstlichen Farbnuancen unterliegen modischen Veränderungen.

Abb. 8: Beispiele für mögliche Haarfarbenbezeichnungen

Haarfarben können je nach Beleuchtung oder durch Zusatzstoffe, wie Gel und Wachs, unterschiedlich hell erscheinen oder im Sommer durch das Sonnenlicht ausgeblichen werden.

Es gibt vier verschiedene *Haarstrukturen*: glatt, wellig, lockig, kraus, wobei bei kurz geschnittenen oder straff zusammengebundenen Haaren oft die eigentliche Struktur nicht deutlich erkennbar ist.
Die *Haarfülle* kann zwischen vollem/dichtem Haar und dünnem/feinem bzw. schütterem Haar variieren.

Um *Frisuren* zu beschreiben, werden z. B. folgende Begriffe genutzt:
nach hinten gekämmtes Haar ohne Scheitel, mit Seitenscheitel links/rechts, mit Mittelscheitel, Igelschnitt, Zopf oder Pferdeschwanz, mit oder ohne Pony, gegeltes Haar, kurz rasiertes Haar, Geheimratsecken, Haarkranz, Stirnglatze, Wirbelglatze, Vollglatze usw.

Zusätzlich können *Haarlängen*, wie rasiert, kurz, nackenlang, schulterlang, lang, angegeben werden.

Die Haaransätze werden aus verschiedenen Blickwinkeln beschrieben:

- aus der Frontalansicht der Stirnhaaransatz und
- aus der Profilansicht der Schläfenhaaransatz und die Koteletten.

Der *Stirnhaaransatz* kann z. B. gerade, gebogen, mit Spitze in der Stirnmitte oder seitlich nach oben eingezogen verlaufen.

Der *Schläfenhaaransatz* ist treppenförmig (ein- oder zweistufig), rechtwinklig, schwach oder stark gebogen oder mehrfach geschwungen ausgeformt. Die Haarkontur wird im Friseurhandwerk als *Tampel* bezeichnet.

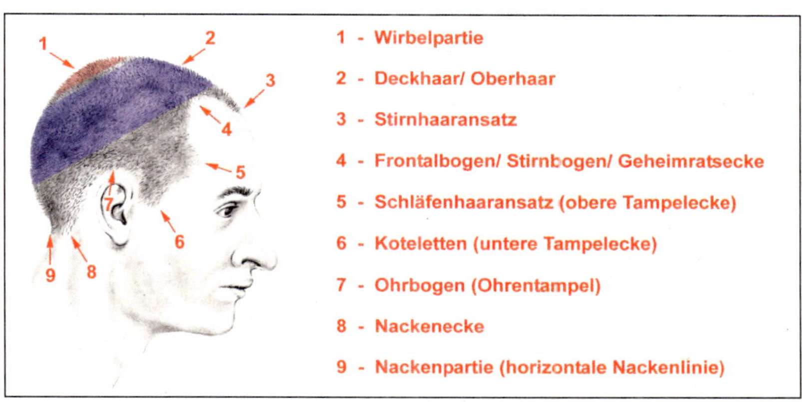

Abb. 9: Haaransätze und Bezeichnungen der Haarpartien

Die Haarstruktur und der Verlauf der Haaransätze bleiben über einen gewissen Zeitraum relativ konstant, während alle anderen Merkmale der Haare veränderlich sind, so dass ihnen bei der Identitätsbeurteilung nicht so viel Gewicht beigemessen wird.

Zusammenfassung der möglichen Termini zur Beschreibung von

KOPFHAAR UND HAARGRENZEN

Kopfhaar

Form	glatt, flachwellig, weitwellig, lockig, kraus
Dicke	dünn, mittel, dick
Dichte	spärlich/licht, schütter, mittel, dicht
Färbung	weiß, grau, grau meliert, hellblond, mittelblond, dunkelblond, rot, rotblond, hellbraun, mittelbraun, dunkelbraun und schwarz, einfarbig/mehrfarbig gefärbt, Strähnchen gefärbt,

Haargrenzen

Stirnhaaransatz	gerade/unregelmäßig verlaufend, schwach/mittel/stark gebogen, mit/ohne Mittelzacke, mit kleinen/mittelgroßen/großen Geheimratsecken
Schläfenhaaransatz	Tampel seitlich: geradlinig, großbogig, flachbogig, treppenförmig, rechtwinklig, spitzwinklig, gezackt, gewellt
Koteletten	schmal, mittelbreit, breit; kurz, mittellang, lang
Stirnwirbel	beidseitig, seitlich rechts/links, mittig
Scheitel	seitlich rechts/links, mittig, ohne Scheitel
Frisurmerkmale	Geheimratsecken, Stirnglatze, Wirbelglatze, Haarkranz, Glatze, Igelschnitt, Rastalocken, Kurzhaarschnitt, Punkerfrisur; gleichlang/gestuft/asymmetrisch geschnitten, nach vorn/hinten gekämmt, mit/ohne Pony, gegelt, gezwirbelt, verfilzt, geflochten
Haarlängen	rasiert, extrem kurz, kurz, nackenlang, schulterlang, lang

5.4 Stirn

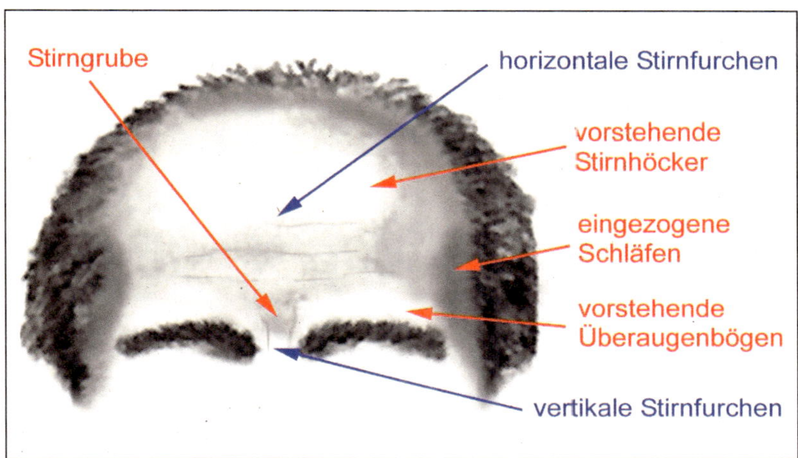

Abb. 10: Bezeichnung der Stirnmerkmale

Als *Stirnmerkmale* werden, bei Vorhandensein, eine schmale oder breite, niedrige oder hohe, vorstehende oder fliehende Stirn angegeben.

Außerdem können ein oder mehrere *Stirnhöcker* und vorstehende *Überaugenbögen* oder verschiedene Falten und Furchen vorhanden sein.

Die Stirnhöcker resultieren meist aus kleinen nach oben gewölbten Bereichen des Schädelknochens, während die Überaugenbögen sowohl durch die Knochenstruktur, als auch durch Weichteilaufpolsterungen unterhalb der Augenbrauen entstehen.
Dadurch kann bei starker Gewichtszu- oder -abnahme auch die Höhe der Überaugenbögen schwanken.

Eine Vertiefung oberhalb der Nasenwurzel nennt man *Stirngrube*.

Auch Einziehungen in der Schläfen- oder Stirnregion finden als individuelle Merkmale Erwähnung. Einziehungen an den Schläfen können altersbedingt (durch Muskelschwund) auftreten und unterliegen je nach Alter und Ernährungszustand gewissen Schwankungen.

Zusammenfassung der möglichen Termini zur Beschreibung der

STIRNPARTIE

Stirnformen von vorn	niedrig, mittelhoch, hoch, schmal, mittelbreit, breit, rechteckig, unten/oben breiter
Stirnhöcker	fehlend; schwach/mittel/stark ausgeprägt
Überaugenbögen	fehlend; schwach/mittel/stark ausgeprägt
Schläfen	nicht/schwach/stark eingezogen
Furchen	geradlinig/gebogen/gewellt/parallel/schräg verlaufend, waagerechte Stirnfurchen, vertikale Stirnfurchen an der Glabella
Stirn im Profil	gerade, gewellt, gebogen, senkrecht; schwach/mittel/stark fliehend/vorstehend

5.5 Augenbrauen

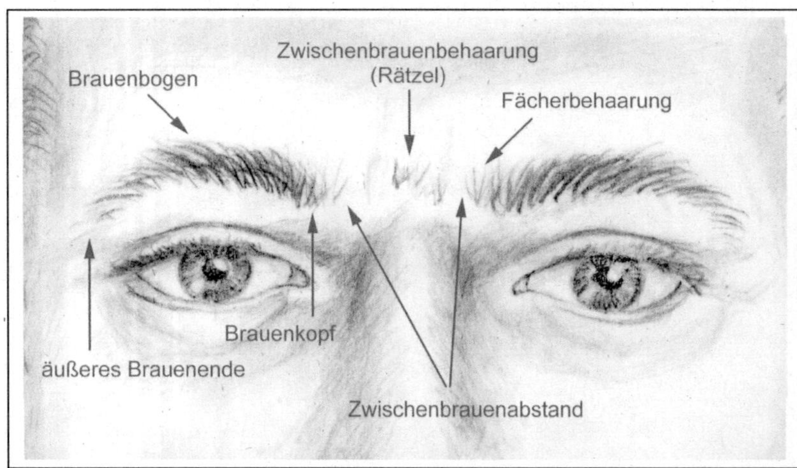

Abb. 11: Bezeichnung der Augenbrauenmerkmale

Augenbrauen sind ein sehr individuelles Merkmal und bleiben in der Wuchsform über Jahre konstant. Sie werden ausführlich in ihren *Formausprägungen* (Verlauf, Länge, Höhe und Schräglage) beschrieben.

Im Alter nimmt die Länge der einzelnen Brauenhaare zu. Dadurch wirken die Brauen voller und buschiger, die Grundform bleibt allerdings meist unverändert erhalten (siehe auch S. 57, Abb. 27).

Bei Frauen kann die Wuchsform scheinbar variieren, wenn die Augenbrauen unterschiedlich gezupft oder rasiert worden sind oder die Brauen geschminkt wurden.

Zwischen den Brauen gibt es unterschiedliche *Zwischenbrauenabstände* und es können mehr oder weniger dichte *Zwischenbehaarungen (Rätzel)* auftreten bzw. die äußeren Verläufe sich teilweise bis zur Kopfbehaarung ausdehnen.

Die seitlichen Ausdehnungen der Augenbrauen reichen meist über die inneren und äußeren Augenwinkel hinaus, um der „Ableitungsfunktion" zum Schutz des Auges vor herab rinnenden Flüssigkeiten gerecht zu werden.

Die Farbe der Augenbrauen ist meistens identisch mit dem Kopfhaar, kann aber auch abweichen.

Zusammenfassung der möglichen Termini zur Beschreibung der

AUGENBRAUENPARTIE

Form

Verlauf	ansteigend, waagerecht, abfallend, gerade, flach/stark gebogen, nur seitlich abfallend, mittig waagerecht/ansteigend, Winkelbildung im Ganzen/nur oben/außen, geschwungen im Ganzen/nur oben/außen
Ausdehnung	über/bis/nicht zum äußeren Augenwinkel reichend, über/bis/nicht zum inneren Augenwinkel reichend
Höhe	niedrig, mittelhoch, hoch, seitlich höher/gleich hoch/niedriger/spitz auslaufend, mittig höher/gleich hoch/niedriger als im äußeren Bereich

Dichte	rasiert, dünn, mittel, dicht, buschig, seitlich gleich dicht/annähernd gleich dicht, ab $^1/_4$ - $^1/_3$ - $^1/_2$ - $^2/_3$ - $^3/_4$ des Verlaufs seitlich dünner, mit vereinzelten Lücken im mittleren/ äußeren Bereich
Farbe	in gleicher Farbe wie das Kopfhaar, heller/dunkler als das Kopfhaar
Brauenkopf	Wirbelbildung, Fächerbildung, vereinzelter Brauenwuchs
Rätzel (Zwischen-brauenbehaarung)	fehlt; vereinzelte Brauenhaare, schwach/mittel/stark ausgebildet

5.6 Augen

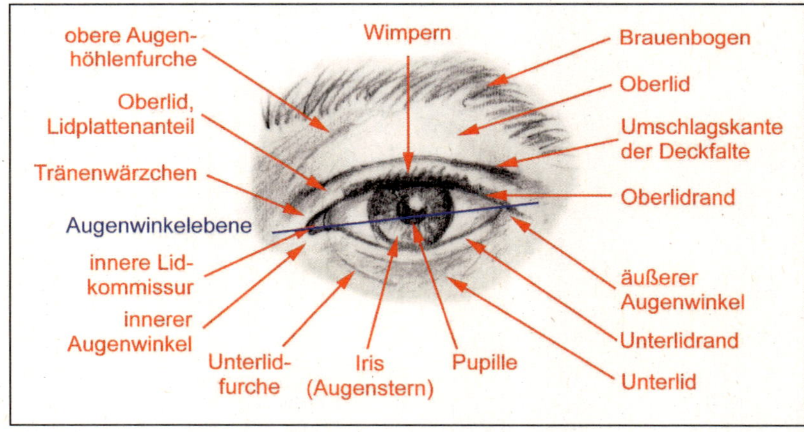

Abb. 12: Bezeichnung der Augenmerkmale

Augenformen werden durch den Verlauf der Augenlider gebildet, sind individuell verschieden und können als ein weiteres aussagekräftiges Merkmal zur Identifizierung genutzt werden.

Die Augenöffnung wird als *Lidspaltenöffnung* bezeichnet. Im Alter oder durch andere Mimik können sich die Höhe der Lidspaltenöffnung, die Lidplattenanteile oder auch die Falten um die Augen verändern, wobei die Grundform aber meist erhalten bleibt (siehe S. 35, Abb. 13).

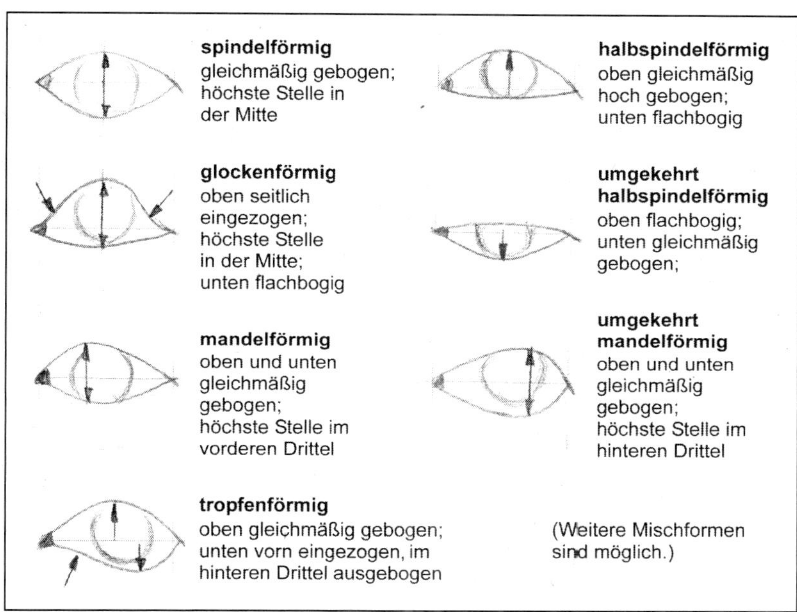

Abb. 13: Bezeichnung der Lidspaltenformen

Die *inneren Augenwinkel* können rund, spitzrund, spitz oder schnabelförmig ausgebildet und mehr oder weniger nach unten abgeknickt sein. Im jungen Kindesalter sind die inneren Augenwinkel immer weit geöffnet und rund ausgeprägt und die *Lidkommissur* ist kaum sichtbar.

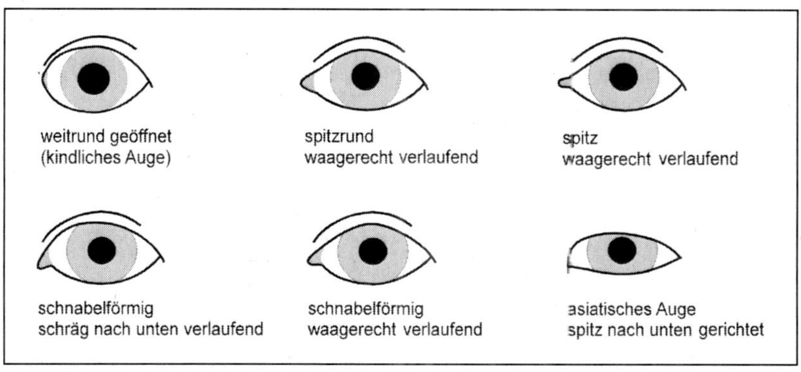

Abb. 14: Bezeichnung der Form der inneren Augenwinkel

Der *Wimpernwuchs* tritt meist unregelmäßig und büschelweise auf und ist ein gutes Identifizierungsmerkmal, da er über das ganze Leben hinweg meist unverändert an den gleichen Stellen und in ähnlicher Dichte erfolgt.

Die *Einfärbungen der Iris* können nur bei qualitativ sehr hochwertigen Bildern detailliert erkannt werden und haben dann als individuelles Merkmal einen sehr hohen Wiedererkennungswert, da sie bis ins hohe Alter fast unveränderlich bleiben und viele feine Detailmerkmale in sich vereinen.
Oftmals sind feine rote Adern im Augenweiß zu erkennen. Sie entstehen vielfach nur zeitweise durch feine geplatzte Äderchen und blassen nach einiger Zeit wieder ab. Nur nach einer größeren Verletzung kann eine Verfärbung im Augenweiß dauerhaft sichtbar sein.
Bei sehr kleiner *Pupillenöffnung* bildet sich teilweise am äußeren Rand der Iris ein dunkler Außenring, der bei weiter Öffnung der Pupillen manchmal nicht sichtbar ist.

Die *Oberlider* sind in der Jugend meist straff und lassen einen *Lidplattenanteil* erkennen. Im Alter sinken die Oberlider nach unten und können den früher sichtbaren Lidplattenanteil verdecken.
Die Schwere der Wangenweichteile zieht bei nachlassender Spannkraft im Alter auch die Unterlider, besonders am äußeren Rand, weiter nach unten und kann dadurch eine etwas andere Lidspaltenform erzeugen.

In den meisten asiatischen Bevölkerungsgruppen ist eine typische Augenform zu beobachten, bei der der Oberlidrand am inneren Augenwinkel winklig nach unten führt und die innere Lidkommissur fast vollständig verdeckt. Auch die Deckfalte fehlt. Das Oberlid reicht beim asiatischen Auge direkt bis an die Lidspalte heran.
Auffällig ist, dass bei der orientalischen Bevölkerung oft schon in der Jugend der Unterlidrand weiter nach unten geschwungen verläuft und dadurch unterhalb der Iris noch Augenweiß sichtbar ist, was bei Europäern meist nicht der Fall ist. Oft erscheinen die Augenhöhlen besonders dunkel.

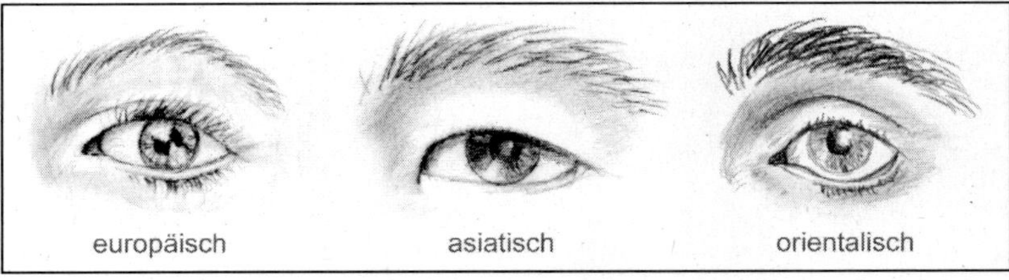

Abb. 15: Augenformen bei verschiedenen Phänotypen

Zusammenfassung der möglichen Termini zur Beschreibung der

AUGENPARTIE

Lage der Augäpfel	tief liegend, mitteltief, leicht/stark vorstehend
Augenwinkelebene	waagerecht, seitlich ansteigend/abfallend
Lidspalten	glockenförmig, spindelförmig, halbspindelförmig, umgekehrt halbspindelförmig, tropfenförmig, mandelförmig, umgekehrt mandelförmig
Öffnungsgrad/Höhe	eng, mittel, weit
Breite	schmal, mittel, breit
Oberlidraum	niedrig, mittelhoch, hoch, außen/mittig höher/gleich hoch, schwach/mittel/stark aufgepolstert
Oberlid, Lidplattenanteil	niedrig, mittelhoch, hoch, außen niedriger/höher werdend
Deckfalte	fehlend, schwach, häutig, voll, niedrig/mittel/hoch liegend
Überhang	gewinkelt beginnend/endend, parallel zum Lidrand, außen/mittig zusammenführend
Umschlagskante der Deckfalte	parallel zum Oberlidrand verlaufend, den Lidplattenanteil des Oberlides mittig/außen/zur Hälfte/fast vollständig verdeckend,
Unterlid	vorstehend, eingefallen, dunkel abgesetzt
Unterlidrand	hell abgesetzt, schwach/stark gebogen/geschwungen
Ober- /Unterlidfurche	verstrichen, schwach, deutlich, $^{1}/_{2}$ - $^{1}/_{3}$ - $^{1}/_{4}$ - ganz sichtbar, kreisförmig, geradlinig, abgewinkelt im unteren/seitlichen Bereich
Obere /Untere Augenhöhlenfurche	verstrichen, schwach, deutlich, $^{1}/_{2}$ - $^{1}/_{3}$ - $^{1}/_{4}$ kreisförmig, abgewinkelt
Wimpern	vereinzelt, dünn, mittel, dicht; kurz, mittellang, lang, gerade, schwach/stark gebogen, schwach/mittel/breit am Lidrand ansetzend
innerer Augenwinkel	spitz, spitzrund, rund, schnabelförmig, waagerecht, nach unten gebogen
Tränenwärzchen mit innerer Lidkommissur	deutlich/schwach sichtbar, ausgeprägt

5.7 Nase

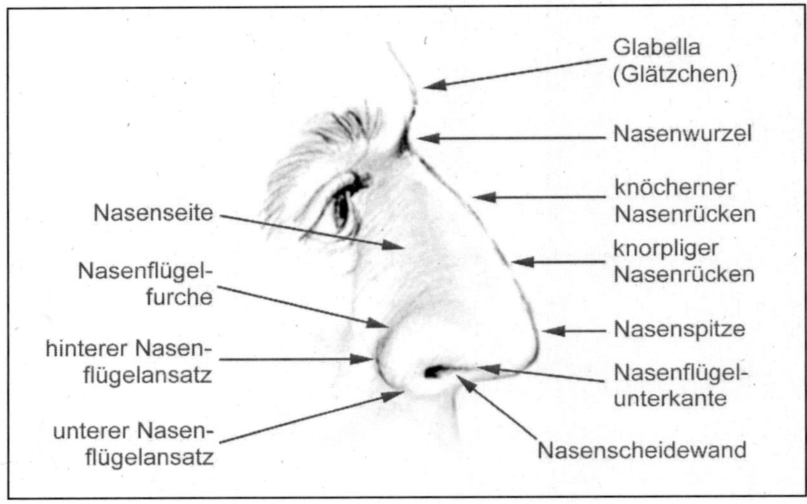

Abb. 16: Bezeichnung der Nasenmerkmale in der Profilansicht

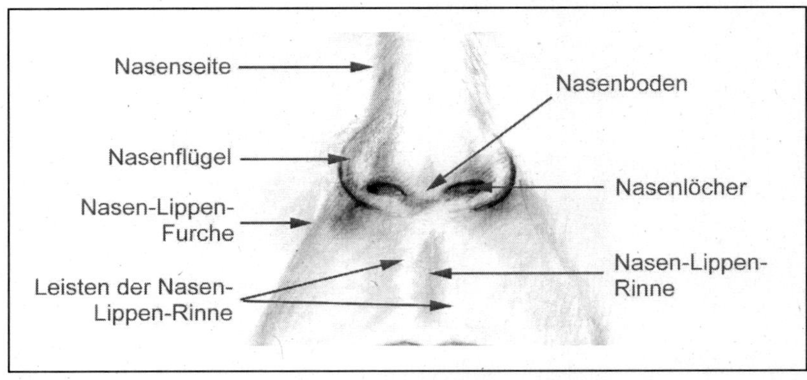

Abb. 17: Bezeichnung der Nasenmerkmale in der Frontalansicht

Die Nase ist nur im oberen *Nasenrückenbereich* durch eine knöcherne Struktur gestützt, im mittleren und unteren Bereich besitzt das Weichteilgewebe einen knorpeligen Unterbau. Dieser knorpelige Bereich besteht aus zwei Hälften, die links und rechts über der *Nasenscheidewand* sitzen. Dadurch bildet sich manchmal eine kleine Einkerbung im *Nasenboden* und unteren *Nasenspitzenbereich*.

Am Übergang zwischen den knochigen und knorpeligen Partien des Nasenrückens können - vom Profil aus gesehen - leichte Abknickungen im Nasenrücken entstehen, die jeder Nasenform eine bestimmte Bezeichnung verleihen:

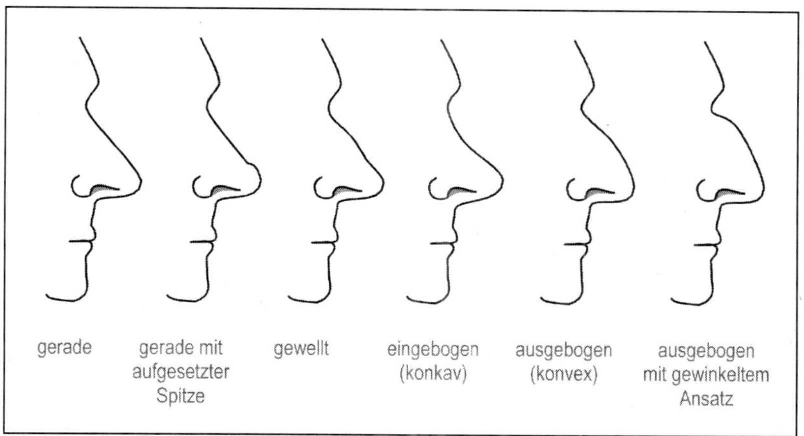

Abb. 18: Bezeichnung der Formen der Nasenrücken in Profilansicht

Der *Nasenrücken* eines jedes Menschen ist bei Geburt aufwärts gebogen und als Stupsnase ausgebildet, da dies für das freie Atmen beim Saugen notwendig ist. Im Schulkindalter beginnt sich die spätere Nasenform auszuprägen. Oftmals kann man erst bei Jugendlichen im Teenager-Alter (ab 12 Jahren) die endgültige Nasenform erkennen.
Die Breite des Nasenrückens kann von vorn aus gesehen im Nasenwurzelbereich, mittleren Bereich und Nasenspitzenbereich unterschiedlich breit sein.

Die Breite der *Nasenspitze* nimmt im höheren Alter meist zu - wohingegen der Nasenrücken am oberen knöchernen Bereich bei schlanken Menschen im höheren Alter durch Austrocknung des Gewebes auch etwas schmaler werden kann.

Die Nasenspitze und der *Nasenboden* werden durch die *Form der Nasenlöcher* mit geprägt. Die wichtigsten Formen sind: rundlich, spitz, elliptisch, (spitz-)oval, nieren-, tropfen- oder schlitzförmig.

Die *Nasenflügel* können schmal bis breit ausladend, eingefallen oder aufgepolstert sein. Der *Nasenflügelansatz* kann entweder deutlich eingefurcht, bogig oder winklig verlaufen oder zur Wange hin verstrichen, also kaum sichtbar sein.

Die *Nasenflügelunterränder* weisen - im Profil gesehen - folgende verschiedenen Formen auf:

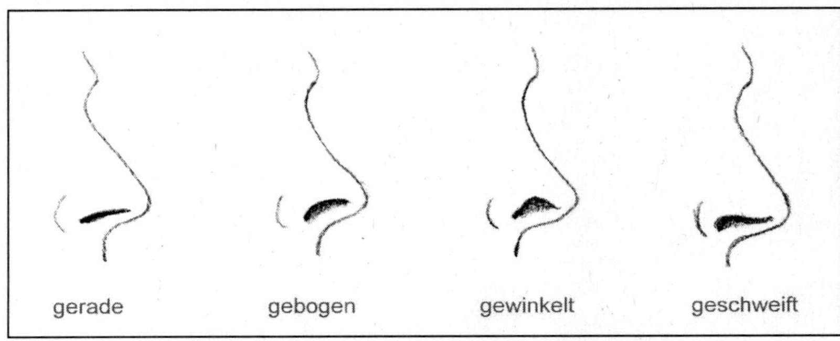

Abb. 19: Bezeichnung der Formen des Nasenflügelunterrandes

Allgemeine Grundtypen der Nase, wie Adler- bzw. Hakennase, Stupsnase, Knollennase usw. können zusätzlich aufgeführt werden (siehe Abschnitt B, S. 98, Abb. 54).

Zusammenfassung der möglichen Termini zur Beschreibung der

NASENPARTIE

Nase von vorn

Höhe	niedrig, mittelhoch, hoch
Nasenseiten	flach/schräg/steil verlaufend
Nasenwurzel	schmal, mittelbreit, breit
Querfurche an der Nasenwurzel	waagerecht, gebogen, spitzwinklig, tief eingezogen, schwach/nicht vorhanden
Nasenrücken	schmal, mittelbreit, breit, oben/unten breiter/gleich breit/schmaler, in der Mitte breiter/schmaler
Übergang zum Oberlidraum	eng, weit, bogig, winklig

Nasenspitze	schmal, mittelbreit, breit
Form von vorn	u-förmig, kugelig, eckig, rautenförmig, Furche, Abplattung, Delle oben/seitlich/unten, seitlich teilweise/im Ganzen abgesetzt/verstrichen
Nasenflügel-unterränder	geradlinig/abgeknickt/gewellt verlaufend
Nasen-Lippen-Furche	nicht vorhanden, kurz, lang, bogig/gerade verlaufend, stark/schwach ausgeprägt, verstrichen
Nase im Profil	
Nase im Ganzen	schwach/mittel/stark erhaben, schwach/mittel/stark vorspringend
Nasenwurzel	vertikale Entfernung zur Glabella klein/mittel/groß, schwach/mittel/stark eingezogen
Entfernung zum inneren Augenwinkel	klein, mittel, groß
Einziehung	schwach/mittel/stark bogig/winklig
Nasenrücken	eingebogen, gerade, ausgebogen, gewellt, mit Höcker, mit angesetzter Spitze
Nasenspitze	spitz, spitzrund, rund, eckig, abgeflacht, halbkugelig, nach oben /unten gerichtet, gerade nach vorn gerichtet
Nasenboden	gerade, schwach/stark nach unten/oben gerichtet, eingekerbt
Nasenflügel	niedrig, mittelhoch, hoch, schmal/mittelbreit/breit nach außen stehend
hinterer Ansatz	tief, mittelhoch, hoch
Unterrand	nicht/schwach/stark gebogen/geschwungen/gewinkelt
Nasenflügelfurche	oben/hinten schwach/mittel/stark ausgeprägt

5.8 Mund

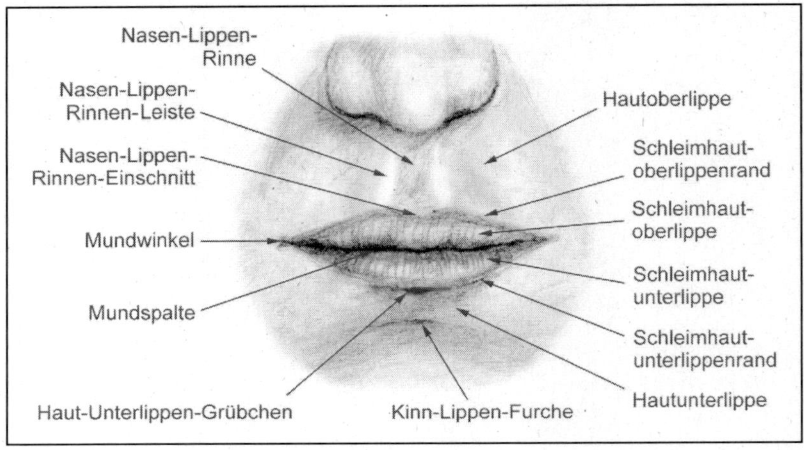

Abb. 20: Bezeichnungen der Mundmerkmale

Die Mundregion wird aus der *Hautober- und -unterlippe* und den *Schleimhautlippen* gebildet. Je nach Zahnstellung und Kieferknochenbau sind die Höhen der einzelnen Bereiche unterschiedlich hoch ausgeprägt.

Auf der *Hautoberlippe* befindet sich die *Nasen-Lippen-Rinne (Philtrum)* mit den Nasen-Lippen-Rinnen-Leisten, die unterschiedlich ausgeformt sein können; z.B. parallel verlaufend, tropfenförmig, trapezförmig (oben schmaler).
Die *Leisten* können im Ganzen oder im oberen oder unteren Bereich stark erhaben oder flach verstrichen oder auch ganz fehlend sein.
Am unteren Ende der Leisten ist der Rand der Schleimhautoberlippe meist nach oben gebogen. Dadurch ergibt sich in der Mitte der *Nasen-Lippen-Rinnen-Einschnitt*. Dieser ist flach, tief, spitz oder rund ausgeformt.

Die *Schleimhautlippen* sind von individuellen Furchen durchzogen, die ständig in gleicher Form bei einem Menschen erhalten bleiben und sich im Alter meist vertiefen.
Bei guter Bildqualität bieten diese *Schleimhautlippen-Furchen* eine sehr gute Identifizierungsmöglichkeit mit vielen individuellen Ausprägungen.
Die Fülle der Schleimhautlippen nimmt bis zum zweiten Lebensjahrzehnt zu und ab dem 4. Lebensjahrzehnt wieder ab. Die *Schleimhautoberlippe* steht meist etwas vor der *Schleimhautunterlippe*, da üblicherweise bei den

meisten Menschen die oberen Zähne leicht vor die unteren Zähne beißen (Überbiss).
An der Schleimhautoberlippe befindet sich in der Mitte manchmal eine kleine runde Aufpolsterung, die *„Saugpolster"* genannt wird.

Die *Schleimhaut-Lippenränder* können klar und scharf begrenzt, teilweise auch durch einen *„Lippensaum"* hell umrandet sein oder verwaschen in verschiedenen Bogenformen verlaufen. Im höheren Alter verwischen sich die vorher klaren Konturen. Die oberen und unteren Schleimhautlippen sind gleich oder unterschiedlich hoch ausgeprägt.

Die *Mundspalte* kann verschiedene Verläufe aufweisen: geradlinig, aufwärts oder abwärts gebogen oder gewellt.
Sie endet in den *Mundwinkeln*, die ihrerseits wieder auf- oder abwärts gerichtet, horizontal oder ösenförmig verlaufen.

Unter der Schleimhautunterlippe bilden sich bei einigen Personen kleine grübchenartige Vertiefungen, die strichförmig horizontal gerade bzw. leicht gebogene oder auch zweigeteilte kurze senkrechte *Schleimhaut-Unterlippen-Grübchen* bilden.

Die *Hautunterlippe* ist in den meisten Fällen nach hinten geneigt und seltener senkrecht verlaufend.
Unter der Hautunterlippe liegt die *Kinn-Lippen-Furche* und bildet die Abgrenzung zum Kinnbereich. Sie ist nicht immer ausgebildet, kann schwach oder deutlich sichtbar sein, gebogen, gerade oder gewinkelt. Manchmal liegt sie auch sehr dicht unter der Schleimhautlippe, so dass kaum noch eine Hautunterlippe sichtbar ist.

Zusammenfassung der möglichen Termini zur Beschreibung der

MUNDPARTIE

Hautoberlippe

von vorn	niedrig, mittelhoch, hoch
im Profil	vorgebogen, zurückgebogen, gerade, aufgeworfen vortretend, senkrecht, zurückweichend
Nasen-Lippen-Rinne	schmal, mittelbreit, breit, flach, mittel, tief
Seitenleisten	schmal, mittel, breit, wallartig, nicht bis über die Nasenbasis reichend,
(Verlauf)	parallel, nach oben/unten schmaler werdend

Nasen-Lippen-Rinnen-Einschnitt	nicht vorhanden, tief, flach, flachbogig, verstrichen, gebogen, tropfenförmig, dreieckig wirkend

Schleimhautober-/unterlippe

Höhe	niedrig, mittelhoch, hoch (volle Schleimhautlippen)
Seiten	gerade, nach oben/unten gebogen, geschwungen
Übergang zur Mitte	gebogen, gewinkelt
Mitte	flach/mittel/tief eingeschnitten, schmal, breit, gewinkelt, bogenförmig
Saugpolster	nicht vorhanden, mittig/beidseitig angedeutet/stark aufgeworfen
Lippenrand	scharf, verwaschen;
Lippensaum	hell/dunkel abgesetzt, nicht vorhanden
Schleimhaut-Unter-lippen-Grübchen	waagerecht, gebogen, verstrichen

Mundspalte

Breite	schmal, mittelbreit, breit
Form	nach oben konvex/konkav gebogen, geradlinig, geschwungen, seitlich gebogen, mittig waagerecht/spitz

Hautunterlippe

von vorn	niedrig, mittelhoch, hoch
im Profil	schwach/mittel/stark zurückgeneigt
Form	schwach/mittel/stark konvex/konkav verlaufend, gerade verlaufend
Kinn-Lippen-Furche	niedrig/mittel/hoch liegend, schmal, mittelbreit, breit, flach, mitteltief, tief, waagerecht, nach oben konvex/konkav gebogen

5.9 Kinn

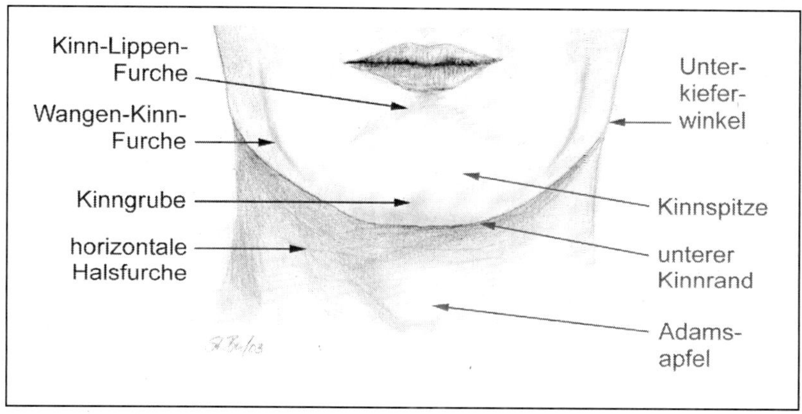

Abb. 21: Bezeichnungen der Kinnmerkmale

Das Kinn wird durch den Bau des Unterkieferknochens geformt. Von vorn betrachtet, kann der mittlere Teil des Kinns, die *Kinnspitze*, kreisförmig, rechteckig, querelliptisch oder zwiebelförmig aussehen.

Die *untere Kante der Kinnspitze* verläuft gerade, gebogen oder leicht eingezogen bis eingekerbt.

Die *Kinngrube* an der Kinnspitze kann nicht sichtbar, als kleines Grübchen, tiefe Mulde, vertikale kurze Linie oder in Y- oder umgekehrter Y-Form ausgeprägt sein.

Der gesamte *untere Kinnrand* ist entweder gleichmäßig gebogen, gewellt, kantig oder als Doppelkinn ausgeformt.

Die *Unterkieferwinkel* können deutlich abgesetzt hervor treten oder auch kaum sichtbar sein.
Im Alter lockert sich das Bindegewebe am Kinnrand und der Verlauf ist nicht mehr straff und geradlinig sondern stark wellig herunterhängend, besonders unterhalb der Mundwinkel am Ende der Wangen-Kinn-Furche.

Im *Profil* verläuft das Kinn entweder senkrecht, fliehend oder vorstehend, es kann dabei flach oder mehr oder weniger gewölbt vorstehen oder zurückweichen (siehe S. 99, Abb. 56).

Am *Hals* können die Anzahl und der Verlauf der Halsfurchen beschrieben werden, deutlich vortretende Halsmuskeln sowie die Form des *Adamsapfels* (spitz bzw. rund hervortretend oder nicht sichtbar).
Im hohen Alter hängt die Haut bei hageren Menschen oft in der Halsmitte von der Kinnspitze an locker herab. Das wird in der englischsprachigen Personenbeschreibung als „Turkeyneck" (Truthahnhals) bezeichnet, hat aber im Deutschen keine feste Bezeichnung. Man könnte hier von senkrecht herabhängenden Hautpartien sprechen.

Zusammenfassung der möglichen Termini zur Beschreibung der

KINN- UND HALSPARTIE

Kinn	niedrig, mittelhoch, hoch, schmal, mittelbreit, breit
von vorn	quer-elliptisch, kreisförmig, eckig begrenzt, zwiebelförmig, Doppelkinn
Kinn im Profil	senkrecht; schwach/mittel/stark hervortretend/zurückweichend
Kinn-Lippen-Furche	niedrig/mittelhoch/hoch liegend schmal, mittelbreit, breit, flach/mittel/tief ausgeprägt, waagerecht, nach oben/unten gebogen
Kinngrube (-mulde)	fehlt, schwach/mittelstark/deutlich vorhanden, rund, länglich senkrecht verlaufend, tropfenförmig
Unterkiefer-winkel	nicht sichtbar, schwach/mittel/stark hervortretend
Hals	schmal, mittelbreit, breit; kurz, mittellang, lang, vertikale/horizontale Furchen, herabhängender mittlerer Bereich, Halsmuskeln schwach/deutlich sichtbar
Adamsapfel	nicht sichtbar, rund, spitz, schwach/stark hervortretend

5.10 Wangen

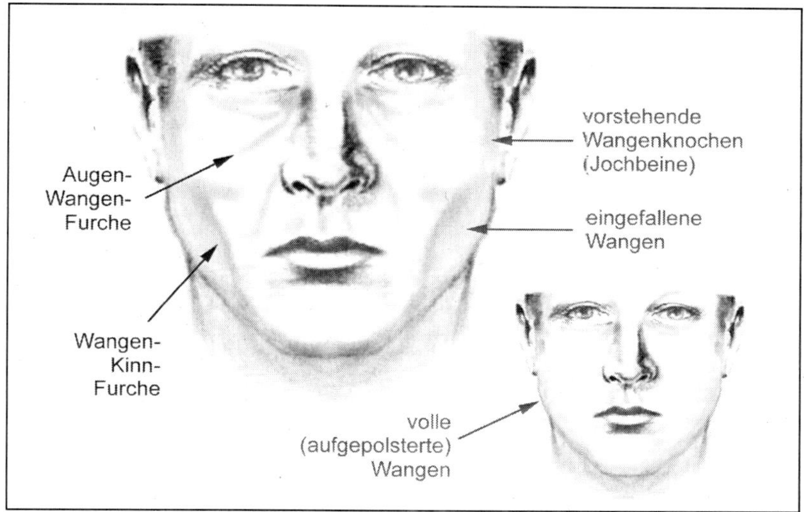

Abb. 22: Bezeichnungen der Wangenmerkmale

Die Wangenpartien reichen vom Schläfenbereich neben den Augen bis abwärts zum Kinn und werden seitlich von den Ohren und der Nasenpartie begrenzt.

Bei hageren Menschen kann die *Wangenpartie* eingefallen sein, bei gut genährten Personen voll, aufgepolstert, fleischig, pausbäckig. Wobei die Höhe der Aufpolsterung variiert zwischen: Jochbeinhöhe, Höhe Nasenboden, Höhe Mundspaltenebene bis zum Kinnrand überhängend.

Die Wangenfülle ist sehr stark abhängig vom Ernährungszustand der Person und kann sich bei ein und derselben Person stark verändern, wenn die Person ab- oder zunimmt (siehe auch S.60, Kapitel 7).
Auch einige Medikamente, die einen aufschwemmenden Effekt haben oder bestimmte Krankheitsbilder können die Wangen voller werden lassen.

Es ist möglich, dass bei fülligeren Wangen einige Falten, die vorher sichtbar waren, nicht mehr so deutlich hervortreten (z. B. die Wangen-Kinn-Furche, Augenwangen-Furche, untere Augenhöhlen-Furche).

5.11 Ohren

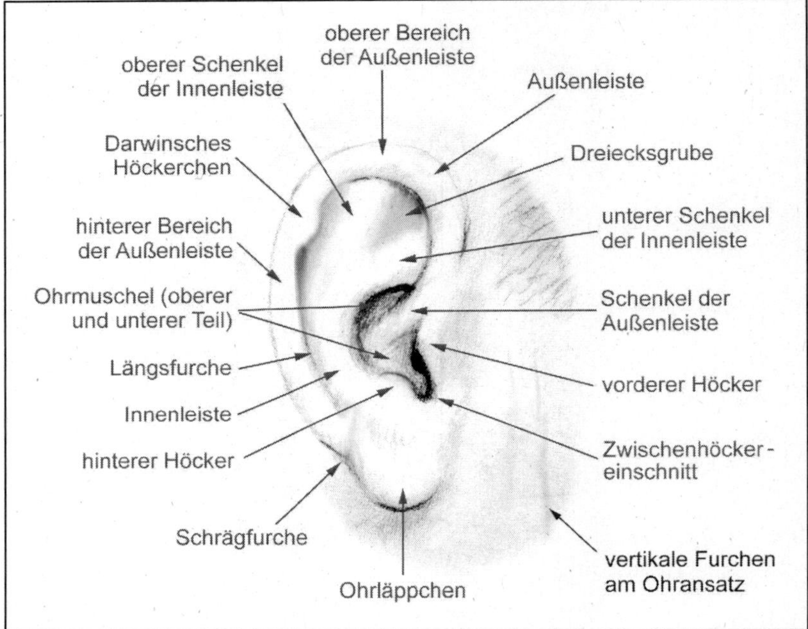

Abb. 23: Bezeichnungen der Ohrmerkmale

Das Ohr vereinigt in sich viele Einzelmerkmale und ist deshalb eines der wichtigsten Merkmalskomplexe zum Identifizieren.
Die *Ohrform* wird zum größten Teil durch die Erbanlagen mitbestimmt, so dass man innerhalb der Familien oft ähnliche Ohrformen vorfindet.

Das Ohr besteht aus knorpeligem Untergewebe. Die Grundform bleibt ab dem Kindesalter erhalten, während das Ohr ständig wächst, bzw. durch Erschlaffung im Alter besonders die Ohrläppchen länger werden.
Die *Ohrhöhe* entspricht bis zum mittleren Erwachsenenalter (ca. 40 Jahre) meist der Nasenlänge und kann im hohen Alter auch länger als die Nase werden

Die Gesamtgrundform des Ohres kann entweder lang gestreckt, oval oder rund sowie *ober- oder unterbetont* sein.
Als oberbetont wird bezeichnet, wenn der obere Ohrbereich im Verhältnis zur Ohrmuschel und dem Ohrläppchen besonders groß ausgeprägt ist.

Unterbetont ist ein Ohr, wenn der untere Bereich besonders groß ausgebildet ist (siehe Abb. 24).

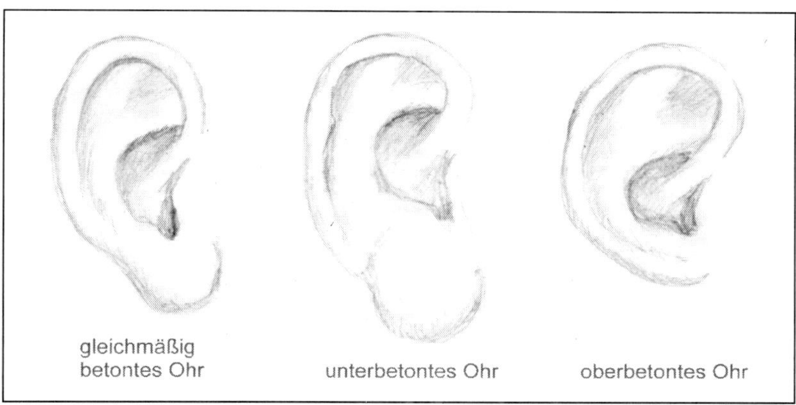

Abb. 24: Beispiel für Ohrbetonung

Beim *oberbetonten Ohr* ist meist der Rand der Außenleiste weniger eingerollt und das Ohrläppchen kaum ausgebildet (oft bei negroiden Personen feststellbar).
Das *unterbetonte Ohr* wirkt insgesamt größer, lang gestreckter und das Ohrläppchen ist meist freihängend. Im höheren Alter kann ein vorher gleichmäßig betontes Ohr durch die Dehnung des Ohrläppchens zum unterbetonten Ohrtyp übergehen.

Die *Außenleiste*, die das Ohr im oberen und hinteren Bereich umgibt, kann in verschiedenen Formen verlaufen (gebogen, gewinkelt, gleichmäßig rund usw.). Der Rand ist glatt, verdickt, eingerollt oder umgebogen oder umgeklappt.
Die Übergänge vom *Schenkel der Außenleiste* zum *oberen Bereich* und von dort zum *hinteren Bereich* können winklig oder gleichmäßig gebogen sein.
Der *Schenkel der Außenleiste* läuft in die *Ohrmuschel* hinein und teilt die Ohrmuschel in den oberen und unteren Bereich. Die Ohrmuschel geht in den Gehörgang über, der unterhalb des *vorderen Höckers* liegt.

In einigen Fällen ist am Übergang vom oberen zum hinteren Bereich der Außenleiste ein *Darwinsches Höckerchen* zu erkennen. Hier handelt es sich um eine Verdickung in der Ohraußenleiste, die mehr oder weniger stark und manchmal auch spitz ausgeformt ist. Es ist nicht immer sichtbar und kann oft nur ertastet werden.

Die *Innenleiste* kann flach verstrichen bis stark aufgeworfen bzw. gefaltet und verschieden gebogen sein. Sie teilt sich oben in den oberen und unteren Schenkel. In seltenen Fällen sind sogar zwei obere Schenkel zu beobachten. Die Vertiefung zwischen dem oberen und unteren Schenkel nennt man *Dreiecksgrube* auf Grund ihrer Formgebung.

Die Vertiefung zwischen Außen- und Innenleiste ist die *Längsfurche*. Sie kann sehr schmal oder etwas breiter verlaufen und endet manchmal im Ohrläppchen als Einziehung oder Vertiefung.

Die *Schrägfurche* befindet sich meist am unteren Ende der Längsfurche. Es handelt sich hier um eine senkrecht oder leicht schräg verlaufende Einziehung oder Einkerbung, die vom oberen Ende des hinteren Höckers bis zur Außenleiste verlaufen kann. Teilweise verläuft sie nur über die Innen- oder Außenleiste, oft ist sie aber auch gar nicht sichtbar.

Der *hintere Höcker*, der oberhalb des Ohrläppchens liegt, und der *vordere Höcker*, mit dem das Ohr an den Wangenbereich angrenzt, bilden zusammen den *Zwischenhöckereinschnitt*. Dieser kann verschiedene Formen, wie U-, V-, Bogen- und Winkelformen aufweisen und mehr oder weniger weit geöffnet sein.

Die *Ohrläppchen* variieren in Größe (Höhe und Breite), Stärke (flach, aufgepolstert, eingezogen), Form (rund, zungen-, maiskorn-, nierenförmig, dreieckig), Neigung (abstehend, anliegend), Grad der Anwachsung (freihängend oder angewachsen) und Oberflächenstruktur (glatt, am unteren Rand aufgeworfen usw.).

Das Ohr kann in verschiedenen *Neigungswinkeln* am Kopf angewachsen sein und bietet insgesamt eine große Vielzahl an Merkmalen, die in ihrer Ausprägung ausführlich beschrieben werden sollten und einen hohen individuellen Charakter besitzen.

Obwohl sich beide Ohren einer Person in den Grundproportionen meist ähneln, sind sie im Aussehen nie deckungsgleich ausgeprägt.
Es darf bei der Identifizierung einer Person deshalb nie das rechte Ohr mit dem linken verglichen werden, wenn Vergleichsfotos nur aus unterschiedlichen Perspektiven vorliegen.

Zusammenfassung der möglichen Termini zur Beschreibung der

OHRENPARTIE

Ohr insgesamt	kurz, mittellang, lang, klein, mittelgroß, groß gleichmäßig betont, Oberbetonung, Unterbetonung
Breite	schmal, mittelbreit, breit
Form	nierenförmig, elliptisch, oval, rund, dreieckig
Neigung	fast senkrecht, schwach/mittel/stark geneigt
Modellierung	schwach/mittel/stark aufgewölbt
Außenleiste	
Rand	verdickt, umgebogen, aufgebogen, schmal, mittelbreit, breit, bandförmig
Schenkel der Außenleiste	¼ - ½ - ¾ - ganz die Muschel durchziehend, schmal, mittelbreit, breit, flach/mittel/stark gewölbt, gerade, geschwungen, keilförmig, fächerförmig, gewinkelt, Übergang zum Vorderabschnitt gebogen/geknickt
Außenleisten-vorderabschnitt	schwach/mittel/stark nach vorn/hinten geneigt
Verlauf	gerade/schwach/stark gebogen, geschwungen, geknickt
Außenleisten-oberabschnitt	aufsteigend, waagerecht, absteigend
Verlauf	gerade, flach bogig, eng/weit bogig, gewinkelt
Rand	verdickt, aufgebogen, umgebogen, schmal, breit, bandförmig
Außenleisten-hinterabschnitt	schwach/mittel/stark gebogen/geschwungen/geknickt
Darwinsches Höckerchen	Rand innen gezähnt, breit bogig, spitz, aufgeworfen
Innenleiste	
Form	schmal, mittelbreit, breit
Biegung	schwach/mittel/stark geknickt
Aufwölbung	schwach, mittel, stark, höher/gleich hoch/niedriger als die Außenleiste
oberer Schenkel	schmal, mittelbreit, breit, flach/mittel/stark gewölbt
unterer Schenkel	schräg/waagerecht/gebogen/geschwungen/gerade verlaufend

Längsfurche	flach, mitteltief, tief; schmal, mittelbreit, breit ab Mitte verstrichen, mit Unterbrechung, bis zum Ohrläppchen reichend, angedeutet/deutlich ins Ohrläppchen ziehend
Schrägfurche	fehlt, schwach/mittel/stark eingezogen nur in der Innenleiste/Außenleiste ausgebildet
Höcker und Zwischenhöcker	
Vorderer Höcker	klein, mittelgroß, groß, einhöckerig, doppelhöckerig, trapezförmig, flach/schwach/deutlich nach außen geneigt
Hinterer Höcker	nicht/schwach/mittel/stark erhaben, schwach/mittel/stark abgesetzt, schwach/mittel/stark gebogen/treppenförmig, schwach/mittel/stark nach außen geneigt
Zwischenhöcker-einschnitt	schmal, mittel, breit, bogenförmig, u-förmig, v-förmig, ösenförmig, eckig, schwach/mittel/stark umrandet
Muschel	
Größe	niedrig, mittelhoch, hoch
Form	schmal, mittelbreit, breit, flach, mitteltief, tief
Größenverhältnis	Verhältnis oberer Teil zu unterem Teil: 1:1/ 1:2/ 1:3
Ohrläppchen	
Größe	niedrig, mittelhoch, hoch, schmal, mittelbreit, breit
Form	zungenförmig, bogenförmig, dreieckig, viereckig, in die Wangenhaut eingezogen, schwach/mittel/stark verkantet
Wuchs	
zur Wange	spitzwinklig schräg/rechtwinklig angewachsen, freihängend
zum übrigen Ohr	vorgesetzt, in einer Ebene, zurückweichend

5.12 Besondere Hautmerkmale

Über den ganzen Körper verteilt können folgende Merkmale der Haut auftreten:

Hautverfärbungen, wie z. B.:

- Muttermale,
- Leberflecke,
- Sommersprossen,
- Pigmentstörungen,
- Blutschwämmchen,
- geplatzte Äderchen

sowie folgende andere Besonderheiten:

- Narben (auch Akne, Windpockennarben und Stammeszeichen),
- Missbildungen/Verwachsungen,
- Geschwülste/Buckel/Implantate,
- Warzen,
- Amputationen,
- auffallende Behaarung,
- Tätowierungen,
- Durchlochungen/Piercings u. a.

Jede *Besonderheit* ist einzeln in ihrer Form, Größe und Position zu beschreiben. Diese besonderen Merkmale haben einen hohen Stellenwert für die Identifizierung, da sie meist sehr individuellen Charakter besitzen.

Hautverfärbungen entstehen über Jahre hinweg im Verlaufe des Lebens und nehmen im Alter zu, sie könnten also auf Abbildungen älteren Datums nicht sichtbar sein.
Eineiige Zwillinge kann man gut an den Hautverfärbungen unterscheiden, da diese nicht deckungsgleich bei beiden ausgebildet sind.

Es ist zu beachten, dass einige Besonderheiten auch nur zeitweise auftreten könnten.

Vorsicht ist bei *Narben* geboten, die bei einigen, vorwiegend afrikanischen, Völkern (Niger, Kamerun, Sierra Leone, Burundi, Benin usw.) bewusst als rituelles Zeichen im Wangenbereich eingeritzt werden.

Sie sind meist an ihrer symmetrischen Anordnung auf beiden Gesichtshälften zu erkennen. Durch ihre zahlreiche Verbreitung haben sie keinen hohen Individualcharakter (siehe Abb. 25).

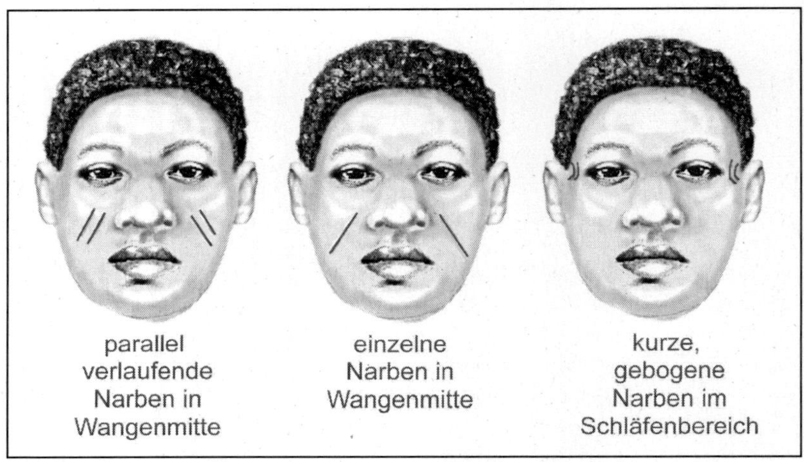

Abb. 25: Einige Beispiele für Narben als Stammeszeichen

Narben können im Laufe des Lebens auch verblassen oder bei unterschiedlicher Beleuchtung unterschiedlich tief wirken sowie manchmal sogar leicht im Verlauf variieren (siehe S. 70, Abb. 36).
Das Gleiche trifft auch auf leicht erhabene Leberflecken oder die Höhe von Warzen oder Geschwülste zu.

6. Besonderheiten im Alterungsprozess

Im Laufe des Lebens wandelt sich das Aussehen einiger Merkmale des Gesichtes. Bei der Identifizierung von Gesichtern auf Lichtbildern sollte dieser Wandlungsprozess besondere Beachtung finden, wenn die Aufnahmen der Person in großen Zeitabständen angefertigt wurden.

6.1 Wachstumsprozess

Im ersten Lebensjahr zeigen die meisten Säuglinge einen sehr ähnlichen Gesichtsaufbau: hoher Hirnschädel (ca. dreimal so hoch, wie das Gesichtsfeld) mit hoher Stirn und ein kleines Gesichtsfeld mit großen Augen, kleiner Stupsnase, kleinem Mund und kleiner zurückweichender Kinnpartie (siehe S. 56, Abb. 26).

In den nächsten ca. 4 Lebensjahren befindet sich das Kind im Kleinkindalter, das Gesichtsfeld beginnt zu wachsen, der Schädel ist etwa 2,5-mal so hoch wie das Gesichtsfeld.
Das Gesicht zeigt erste individuelle Merkmale in den Augen-, Schleimhautlippen-, Ohren- und Gesichtsformen.
Die Proportionen sind immer noch sehr ähnlich zwischen allen Kindern.

Ab dem 6. Lebensjahr ist der Kopfumfang fast so groß, wie bei einem Erwachsenen, der Schädelbereich beträgt das 2,3-fache des Gesichtes.
Das Gesichtsfeld insgesamt wächst immer weiter: Nasen-, Mund- und Kinnregion werden länger, das Kinn schiebt sich langsam nach vorn, doch der Nasenboden ist weiterhin aufwärts gerichtet, das Haupthaar wird dicker und fester (wie das eines Erwachsenen).

Ab dem 12. bis zum 15. Lebensjahr kommen die endgültigen Proportionen des Gesichtes langsam zum Vorschein: der Nasenrücken beginnt sich auszuformen, die Nasenspitze senkt sich langsam, das Kinn wird länger und breiter, wobei das ganze Gesicht immer noch schmaler ist, als beim Erwachsenen.
Der Adamsapfel wird bei männlichen Jugendlichen sichtbar.

Das Geschlecht wird ab dem 15. bis 20. Lebensjahr deutlich am Gesicht erkennbar.

Bei den Männern verschwinden die Rundungen und Weichheit der Wangen, Schläfen und Unterkiefer, die Kiefer werden breiter ausladend; die Nase bekommt ihre endgültige Form, der Hals wird breiter und muskulöser, der Adamsapfel tritt endgültig hervor.

Abb. 26: Beispiele für Entwicklungsstufen von 0 bis 21 Jahren

6.2 Alterungsprozess

Bis zum 30. Lebensjahr bleiben die ausgeprägten Strukturen erhalten, ab dem 35. Lebensjahr beginnt die Faltenentwicklung zuerst an der Augenpartie. Es entstehen die Nasen-Lippen-Furchen, unter den Augen beginnt die Haut über der Augenhöhle einzufallen, das Bindegewebe am Hals erschlafft und es bildet sich ein leichtes Doppelkinn.

Die Haargrenze geht langsam zurück, die Haupthaare beginnen sich zu lichten und zu ergrauen (je nach Vererbung), wohingegen die Behaarung an den Brauen, Nase und Ohren länger und „borstiger" wird.

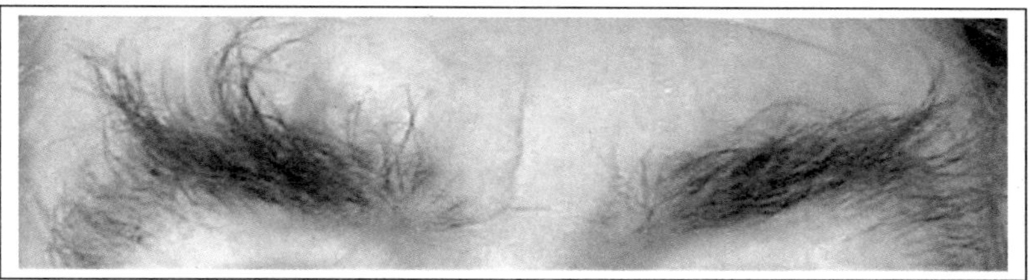

Abb. 27: Augenbrauen eines ca. 50-jährigen Mannes

Die Augenhöhlenpartie beginnt sich mit ca. 40 Jahren deutlicher abzuzeichnen, Furchen um Augen und Mund vertiefen sich mit fortschreitendem Alter.
Dabei entstehen Hänge- und Schwundfalten. Bei stärkeren Personen findet man meist weich herabhängende Hängefalten. Schwundfalten dagegen wirken verwelkt und ausgetrocknet in festeren und dickeren Gewebsbereichen und sind häufig bei hageren Menschen anzutreffen.

Insgesamt kann man sagen, dass alle Gesichtselemente unter denen viel Weichteile und Fettgewebe liegen, durch die zunehmende Erschlaffung des Gewebes und die ständig wirkende Erdanziehungskraft nach unten sinken und dadurch einige der oben liegenden „knochigen" Partien, wie das Stirnprofil, Schläfen, Nasenrücken und Augenhöhlenrand etwas deutlicher hervortreten.

Alle Konturen (Augenlider, Schleimhautlippen, Kinnunterrand) verwischen und sind nicht mehr straff und deutlich erkennbar.
Das Oberlid verdeckt immer mehr den Lidspalt, die Augenbrauen liegen dichter über dem Auge.

Die Schleimhautoberlippe wird flacher und ist manchmal im hohen Alter kaum noch sichtbar. Die Ohren werden länger, die Nasenspitze voller. (Eine gute Übersicht zum Alterungsprozess bietet *Hogarth 1997*)

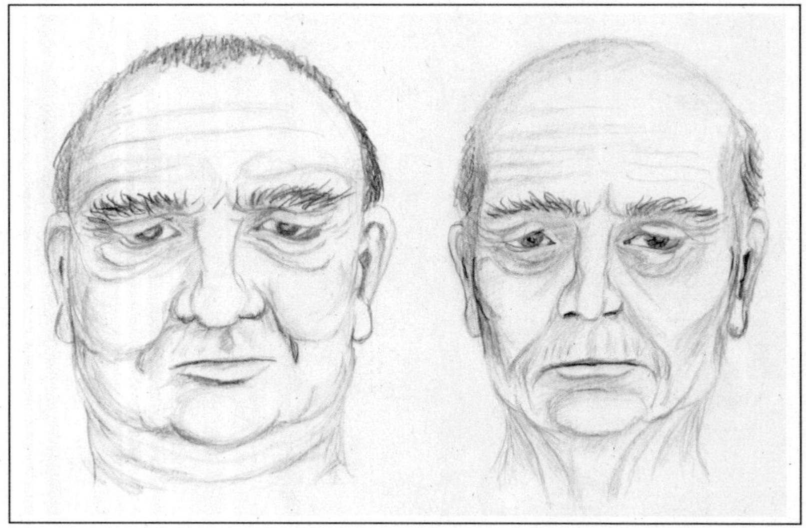

Abb. 28: Besonderheiten von Gesichtern im höheren Alter

Bei nachlassender Spannkraft sinken besonders **bei kräftigeren Personen** folgende Bereiche nach unten:

- Augenbrauen/Überaugenbögen,
- Oberlider (Schlupflider),
- Unterlider (Tränensäcke),
- Nasenspitzenregion (tiefer und fülliger),
- Wangenfülle sinkt nach unten und Jochbeinknochen werden sichtbar,
- Hautoberlippe (verdeckt die Schleimhautoberlippe),
- Schleimhautunterlippe hängt tiefer (kippt etwas nach vorn),
- bei Zahnlosigkeit sinken beide Schleimhautlippen nach innen und sind kaum noch sichtbar,
- Kinnspitze sinkt tiefer, wird mehr betont, Seiten sinken in Falten nach unten,
- am Hals Entstehung eines Doppelkinns oder in der Halsmitte hängende Hautfalten,
- Ohrläppchen werden länger, die Ohren insgesamt größer.

Besondere Alterungserscheinungen **bei hageren Personen**:

- Schrumpfung an Schläfen, Augenbrauen, Wangen, Lippen, Hals,
- Skelett wird „nachgezeichnet“ und unter der Haut erkennbar,
- Augen liegen tiefer in den Höhlen,
- Nase wird schmaler und spitzer,
- Jochbeine treten hervor,
- eingefallene Wangen,
- Kinnspitze und Kiefer werden spitzer, knochiger und treten hervor,
- Hals bekommt vertikale Falten.

Im höheren Alter schrumpft der Schädel wieder und besonders der Unterkiefer kann durch den Zahnverlust bis über die Hälfte seiner ehemaligen Höhe verlieren.

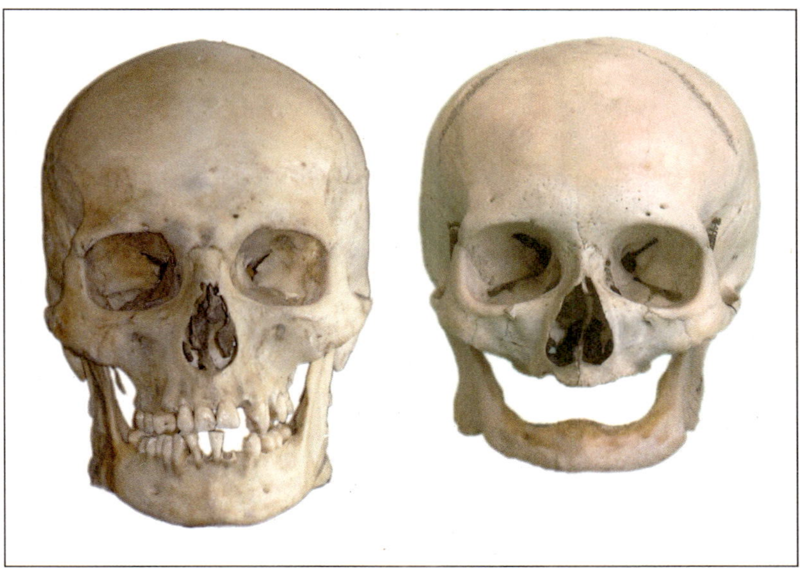

Abb. 29: Schädel eines ca. 30-jährigen und eines ca. 80-jährigen Mannes

Durch diesen Schrumpfungsprozess verkürzen sich die Proportionen im unteren Mund und Kinnbereich. Das ist bei der Identifizierung einer Person zu beachten, die sich schon im höheren Alter befindet und von der nur ältere Vergleichsaufnahmen vorliegen.
Trägt eine Person Zahnimplantate wird der Knochenschwund im Kiefer vermutlich weniger stark fortschreiten, da die Zahnfächer dann das Implantat umschließen und sich nicht so weit zurückbilden.

7. Besonderheiten bei Gewichtsveränderungen

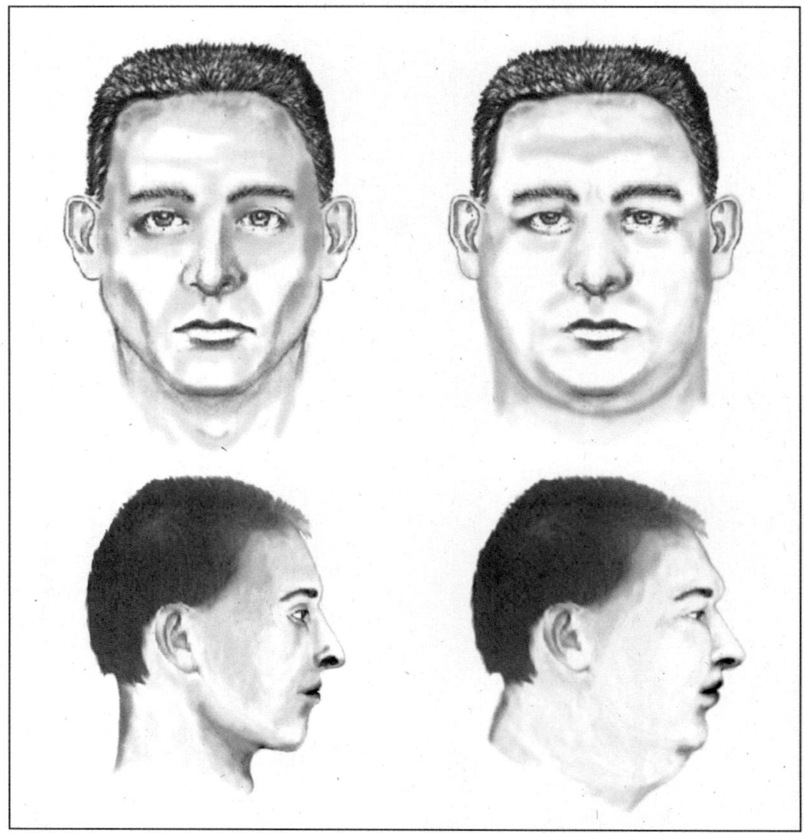

Abb. 30: Ein und dieselbe Person bei unterschiedlicher Körperfülle

Alle Gesichtsmerkmale, die im Weichteilgewebe die Möglichkeit zur Fettanlagerung bieten, werden bei Gewichtszunahme besonders aufgepolstert oder schrumpfen bei Gewichtsabnahme.

Das sind insbesondere folgende Bereiche:
- die Augenbrauenpartie mit Überaugenbögen,
- die Ober- und Unterlider,
- die Mund- und Kinnpartie,
- die Wangen bis Halsregion.

Durch Gewichtszu- oder -abnahme kann sich auch der *Verlauf des Gesichtsprofils* verändern (siehe S. 60, Abb. 30).
Die Aufpolsterung der Überaugenbögen erzeugt eine schräger verlaufende Stirn und die Kinnspitze steht etwas weiter vor.
Die Konturen des Halses und Unterkiefers verschwinden. Durch Fettablagerungen im Nacken wird der Hals breiter und wirkt hinten schräger gestellt bei Gewichtszunahme.
Die Augenlider erscheinen niedriger, da die Ober- und Unterlider fülliger werden und das Augenlid zusammendrängen.

8. Besonderheiten anderer Phänotypen

Untersuchungen haben erwiesen, dass beim Wiedererkennen Personen aus den eigenen Reihen besser wiedererkannt werden, als Personen anderer ethnischer Gruppen. Besonders stark ist das bei *Europäern* zu beobachten. *Asiaten* und *Afrikaner* erkannten ebenfalls Personen aus dem eigenen Umfeld etwas besser, konnten aber auch Personen aus anderen ethnischen Gruppen besser zuordnen. Wodurch wird das hervorgerufen?

Europäische Personen weisen eine höhere Variabilität in der Haartracht, Augenfarbe, Augenform, Nasen- und Mundform und manchmal auch in der Kopfform auf.
Asiaten haben generell glattes, dichtes, schwarzes Haar und Personen aus Zentralasien meist eine runde Kopfform. Auch die Nasenform und -stellung ist sehr ähnlich.
Genauso verhält es sich bei afrikanischen Personen - auch dort sind die Haare immer schwarz und kraus, die Nasen breit und die Schleimhautlippen stärker aufgepolstert als bei den Europäern.

Die Europäer haben sich aufgrund der Vielfalt der Gesichtsmerkmale einen etwas „flüchtigeren Blick" angewöhnt. Sie können Personen teilweise schon von hinten an der Haartracht (im Zusammenhang mit Größe, Gestalt und Bewegungsmuster) erkennen.
Personen anderer ethnischer Gruppen achten von vornherein etwas mehr auf Detailmerkmale des Gesichtes und sind deshalb beim schnellen Wiedererkennen im Vorteil. (siehe auch *Köhnken u. Meurer 1990*)

Für die Identifizierung von Gesichtern auf Bildern spielt dieses aber keine Rolle. Da während der Begutachtung jedes kleine Detailmerkmal im Einzelnen überprüft wird, werden für den Gutachter auch die Differenzen in den Gesichtern der anderen ethnischen Gruppen deutlich sichtbar.

Beim Begutachten ist nur darauf zu achten, dass in anderen Ethnien auch andere Häufigkeiten für besondere Merkmalsausprägungen auftreten.
In einigen *Bevölkerungsgruppen* häufen sich bestimmte Haarfarben oder Haarstrukturen, in manchen Bevölkerungen sind die Nasenwurzeln weniger weit eingezogen, als durchschnittlich bei den Mitteleuropäern, Inder haben zum Beispiel meist dunkle Augenränder, während das in unseren Breiten seltener ist usw.
Sehr günstig ist es auch hier, wenn ein Gutachter Zugang zu größeren Datenbanken mit Abbildungen von Personen unterschiedlichster Herkunft

besitzt, um bestimmte Merkmalsausprägungen und deren Häufigkeiten in der jeweiligen Bevölkerungsgruppe nachzuprüfen.

Als kleine Auswahl werden im Folgenden einige spezielle Merkmalshäufungen der asiatischen und der afrikanischen Bevölkerungsgruppe aufgezeigt, die aber nur als zwei Möglichkeiten von vielen Variabilitäten innerhalb dieser Phänotypen zu sehen ist.

Besonderheiten asiatischer Merkmalsausprägungen

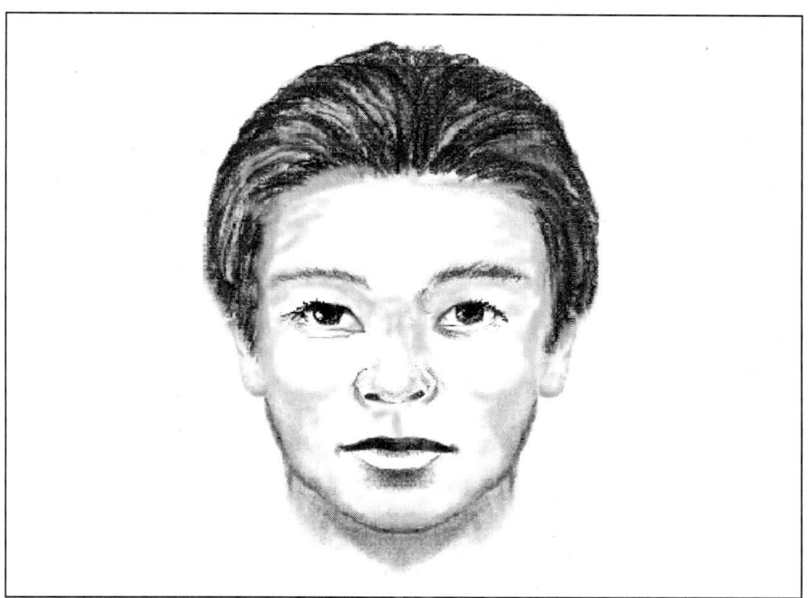

Abb. 31: Asiatische Gesichtsmerkmale

Haare:	sehr glatt, glänzend, schwarz - dichtes, volles Haar
Augen:	„Mongolenfalte" = Oberlid mit nur einer Lidbegrenzung ohne Deckfalte vom Oberlid
Jochbeine:	stark vorstehend, rund abgesetzt
Nase:	kurz, oben stark eingezogen, meist nach oben gerichtete Nasenspitze; Nasenflügelunterkante liegt tiefer als der Nasenboden
Mund:	oft klein, aber volle Lippen
Bartwuchs:	meist spärlicher, kaum sichtbar

Besonderheiten afrikanischer Merkmalsausprägungen

Abb. 32: Afrikanische Gesichtsmerkmale

Haare:	kraus, schwarz, dichtes Haar
Stirn:	meist schmal, nach vorn rund gewölbt, über den Schläfen eingezogen
Überaugenbögen:	oft stark ausgeprägte, vorgewölbte Überaugenbögen
Augen:	braune Iris
Nase:	sehr breit, kurz, oben stark eingezogen, meist runde, breite Nasenspitze
Mund:	oft große, volle Lippen, Kiefer etwas vorstehend
Kinn:	oft rund
Ohren:	meist klein, hoch angesetzt; mit kleinen oder fehlenden Ohrläppchen (Außen-, Innenleiste und Längsfurche führen bis an die Wange heran)

9. Optische Merkmalsveränderungen

9.1 Anatomische und morphologische Merkmalsveränderungen

Alle Merkmale des Gesichtes beruhen auf dem anatomischen Aufbau des Schädels und sind in ihrer äußeren Gestaltung (Morphologie) durch genetische Vererbung vorprogrammiert.
Nach der Geburt beeinflussen äußere Einflüsse und Bedingungen die Entwicklung und das Aussehen der Merkmale.

Äußere Einflüsse, die die körperlichen Merkmale direkt beeinflussen:

- Lebensraum und Umwelteinflüsse
- Lebenswandel, Verletzungen, Krankheiten, Operationen
- Charakter und Mimik

9.1.1 Lebensraum und Umwelteinflüsse

Der *Lebensraum* eines Menschen bestimmt das aktuelle Aussehen einer Person und über Generationen hinweg auch den genetischen Wandel einer Bevölkerungsgruppe. Durch Anpassung an den Lebensraum sind die verschiedenen ethnischen Gruppen (Kaukasoide, Mongoloide, Negroide, Australoide) entstanden, die für ihr Umfeld jeweils die günstigsten körperlichen Voraussetzungen beinhalten.

Mongoloide (Asiaten) leben z. B. meist in feuchtwarmen Gebieten und haben sehr kurze Nasen. Da die Luft in den Nasengängen nicht mehr angefeuchtet und erwärmt werden muss, reichen kürzere Nasengänge im Gegensatz zu denen der europäischen Bevölkerung (Kaukasoide) aus.
Negroide Personen sind durch das sehr heiße afrikanische Klima geprägt. Sie sind sehr groß und bieten damit viel Fläche für Verdunstung, damit der Körper optimal gekühlt wird. Ihre Haut ist dunkel pigmentiert, um sie vor der Sonneneinstrahlung optimal zu schützen.
Eskimos sind sehr kompakt gebaut und haben ein größeres Körperfettpolster, dickere Haut und wenig vorspringende Körperteile. Dadurch sind sie widerstandsfähiger gegenüber Kälte und Erfrierungen. (siehe auch *Kenntner 1975*)
Durch den Rückgang des Mineralstoffgehalts im Boden ist z. B. bei chilenischen Rekruten ein Rückgang der Körperhöhe von 166,5cm (1920) über 163 cm (1930) auf 161cm (1960) beobachtet wurden. Diese Beein-

flussung durch den Mineralstoffhaushalt wurde übrigens nicht nur bei den Menschen sondern bei sämtlichen Lebewesen der Region sichtbar.
So gibt es noch viele andere Beispiele, wie sich körperlichen Merkmale dem Lebensraum angepasst haben und über Generationen auch weiter anpassen werden.

Umweltbedingungen beeinflussen das aktuelle Aussehen eines Menschen. Menschen, die täglich im Freien arbeiten, entwickeln eine derbere und stärker gebräunte Haut, als Menschen, die täglich im Büro sitzen. Falten graben sich dadurch tiefer in das Gesicht ein.

9.1.2 Lebenswandel, Verletzungen, Krankheiten, Operationen

Der Lebenswandel eines Menschen, verbunden mit der Ernährung und der Körperpflege, spiegelt sich im Gesicht wider.
Personen, die sich gesund ernähren und gut pflegen, haben oft länger eine faltenfreie Haut und weniger fehlende Zähne.
Ungesunder Lebenswandel kann zur Veränderung der Gesichtsmerkmale führen. Starke Raucher z. B. bekommen oft eine fahle Hautfarbe, manchmal mit bläulicher Einfärbung, gelbe Zähne usw.
Nach starkem Alkoholgenuss am Vortag schwemmt das Gesicht oft im Unterlidbereich auf, während dagegen langjährige Alkoholkranke meist sehr dünn und abgezehrt aussehen

Krankheiten können einige Gesichtsmerkmale verändern: Gelbsucht oder bestimmte Leber-/Gallenerkrankungen lassen das Augenweiß gelblich aussehen, Nierenleiden, bestimmte Medikamente u. a. können den Körper und somit auch das Gesicht aufschwemmen.
Verletzungen oder Krankheiten, wie Windpocken und Akne, lassen Narben entstehen, die zwar im Laufe der Jahre wieder verblassen können, aber meist dauerhaft sichtbar sind.

Die Körperfülle wirkt sich auf die Furchen- und Faltentiefen aus. Etwas dickere Personen haben meist weniger tiefe Furchen, als schlankere Menschen und die Faltenbildung setzt erst später ein.

Heutzutage kommen Schönheitsoperationen immer mehr in Mode und es kann durchaus vorkommen, dass sich auch eine solchermaßen veränderte Person unter den Lichtbildern befindet. Da bei den Schönheitsoperationen

die Narben meist gut versteckt oder verheilt sind und teilweise auch die Knochenstruktur bei der Operation verändert wird, werden hier optische Differenzen vorliegen, die nur schwer erkennbar sind.
Liegt eine Vielzahl identischer Merkmale vor, sollte in Betracht gezogen werden, dass vielleicht ein einzelnes abweichendes Merkmal künstlich erzeugt sein könnte.

9.1.3 Charakter und Mimik

Die Anlage zur Falten- und Furchenbildung wird zum großen Teil durch die Gene vorbestimmt. Doch auch der Charakter eines Menschen beeinflusst seine Mimik und formt sein Aussehen.
Wenn ein Mensch viel lacht, werden die (Lach-)Falten um die Augen und Falten an den Mundwinkeln eher und tiefer ausgeprägt.
Ein ständig grimmig schauender Mensch hat oft zusammengezogene Augenbrauen, zusammengekniffene Augen und tiefe senkrechte Stirnfalten an der Glabella.
Bei ständig starker Mimik können sich auch schon in jüngeren Jahren dauerhafte Falten ausbilden.

Abb. 33: Einfluss von Mimik und Lebensbedingungen am Beispiel von zwei 70-Jährigen

9.1.4 Schminke, Haartracht und Vermummung

Bewusste Veränderungen des Gesichtes können durch Schminken, Rasur, besondere Frisuren oder Haarfarben, Verkleidungen oder Vermummung entstehen.

Durch *Schminke* und Änderung der Haar- und Barttracht kann ein Gesicht stark verfremdet werden. Bei geschminkten Lippen wird manchmal ein veränderter Verlauf der Schleimhautlippenränder vorgetäuscht.
Gezupfte, rasierte oder nachgezeichnete Augenbrauen können leicht verändert verlaufen, geschminkte Wimpern weisen optisch eine höhere Dichte auf und manche Hautverfärbungen werden durch Makeup ‚unsichtbar'.

Abb. 34: Veränderung durch unterschiedliche Haartracht (rechtes Foto 4 Jahre später)

Bärte decken Hautpartien ab und lassen Gesichtsproportionen optisch unterschiedlich erscheinen - Vollbärte geben dem Kinn eine neue, manchmal abweichende, Form. Hier kann durch Überprüfung der Deckungsgleichheit mit Hilfe transparenter Ebenen festgestellt werden, ob die Gesichtsmerkmale unter dem Bart noch übereinstimmend verlaufen könnten.
Durch Fehlstellen im Bartwuchs werden Narben oft auch nach außen hin sichtbar.

Frisuren können teilweise die Gesichtsform verändert darstellen und lassen kahle Stellen oder Kiesel erkennen, die bei anderer Haartracht nicht sichtbar waren. Straff zusammengebundene und kurz geschnittene Haare

wirken glatter als offen getragene und die Haarstruktur kann durch Dauerwellen oder Glätten verändert werden.
Zusatzstoffe wie Gel, Wachs oder Öl glätten das Haar und lassen es dunkler und glänzender erscheinen. Bei Feuchtigkeit kann das Haar lockiger oder leicht kraus werden.
Da durch Schminke, Rasur und Haarveränderung die morphologische Ausprägung der Gesichtselemente nicht verändert werden kann, ist bei hochauflösenden Abbildungen trotzdem eine eindeutige Identifizierung möglich.
Manchmal entdeckt man Abweichungen in Porträtbildern, die durch Fotografen angefertigt wurden. Sie besitzen oft eine sehr gute Auflösung, aber hier könnten einige Hautmerkmale durch nachträgliches Weichzeichnen verblasst oder weg retuschiert worden sein.

Bei *vermummten und maskierten Personen* werden die Gesichtsmerkmale verdeckt oder durch enge Masken ein anderer Formenverlauf und Verzerrungen erzeugt. Deshalb ist eine Identifizierung anhand des Gesichtes in diesem Fall ausgeschlossen.
Nur die Kontur eines Profils unter einer Maske reicht ebenso wenig aus, wie nur ein Augenpaar, das aus einem Sehschlitz oder unter einem Motorradhelm hervorguckt. (Es sei denn, die Aufnahme ist so hochauflösend, dass die Einfärbungen der Iris deutlich zu erkennen sind. Aber das ist bei Überwachungs- oder Geschwindigkeitsaufnahmen in der Regel nicht der Fall.)
In diesen Fällen können forensische Bewegungsanalysen, z. B. am Institut für Rechtspsychologie der Universität Bremen (siehe auch *Heubrock, 2007*) oder Bekleidungsbegutachtungen (siehe S. 78, Kap. 10) angestrebt werden.

Abb. 35: Verdeckte Gesichtsbereiche lassen keine eindeutige Identifizierung zu

9.2 Veränderte Darstellung durch unterschiedliche Aufnahmesituationen

Das wahrgenommene Erscheinungsbild der körperlichen Merkmale kann auch durch bestimmte verschiedene Aufnahmesituationen während der Fotografie beeinflusst werden.

Äußere Einflüsse, die das Bildmotiv beeinflussen, sind:

- Lichtverhältnisse
- Verzerrungen und Perspektiven
- Bildauflösung
- bewusste Aussehensveränderung durch Schminke und Maskierung

9.2.1 Lichtverhältnisse

Unterschiedliche Lichtverhältnisse während der Aufnahme lassen die körperlichen Merkmale auf den Abbildungen unterschiedlich erscheinen.

Bei Schlaglichtern und Schlagschatten zeigt das Gesicht ein höheres Relief. Einziehungen und Aufpolsterungen werden sichtbar, die bei frontaler Beleuchtung nicht sichtbar sind (siehe Abb. 36).

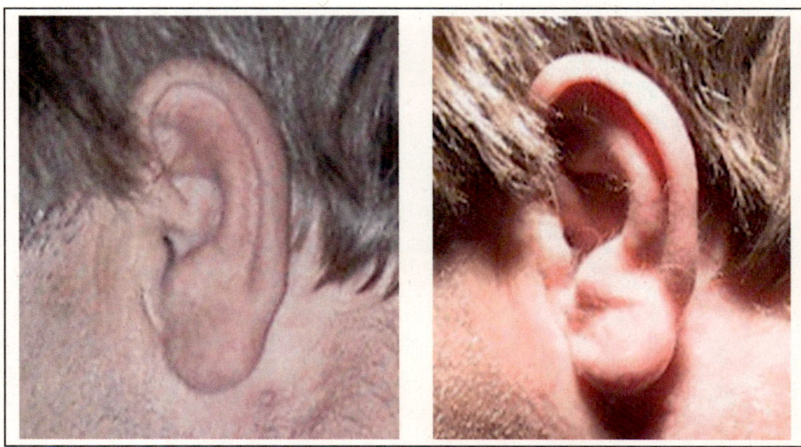

Abb. 36: Ein und dasselbe Ohr bei unterschiedlicher Beleuchtung

Bei manchen Überwachungsaufnahmen sind Lampen im Hintergrund angeschaltet.
Sie überblenden Teile der Kontur des Kopfes oder Gesichtes und verändern somit den Verlauf der äußeren Begrenzungen oder sorgen für eine falsche Belichtung des Motivs (siehe Abb. 37).

Abb. 37: Überblendete Konturen und überbelichtetes Motiv (nachgestellte Situation)

9.2.2 Verzerrungen und Perspektiven

Manche Überwachungsanlagen liefern in den *Seitenverhältnissen* stark verzerrte Aufnahmen (z. B. in doppelter Breite) und benötigen spezielle Programme zum Betrachten und Ausdrucken der Lichtbilder, die diese Verzerrungen wieder zurück berechnen (siehe S. 72, Abb. 38).

Werden von diesen Anlagen Abbildungen digital übergeben und ist nicht das entsprechende Betrachtungsprogramm zur Begutachtung vorhanden, muss ein Referenzbild mit den richtigen Proportionen angefordert werden, damit alle Lichtbilder im Vorfeld auf die korrekte Größe gebracht werden können.

Einige *Kameraobjektive* (z. B. Weitwinkel) verursachen *Verzerrungen* innerhalb des Motivs.
Diese sind oft schwer zu erkennen und können sowohl in der Bildmitte, als auch am Rand des Bildes auftreten.

Abb. 38: Oben verzerrte Originalaufnahme, darunter korrigierte Seitenverhältnisse

Abb. 39: Bildausschnitt einer Überwachungskamera mit „Froschaugenperspektive"

Meist betrifft das Raumüberwachungsaufnahmen oder Aufnahmen an Geldautomaten. Hier kann man sich manchmal an sichtbaren geraden Kanten, Linien und Kreisen im Raum oder der Umgebung orientieren, z. B. an Fliesen, Zimmerecken, Deckenpaneelen, Fenstern und Straßenverläufen.

Sind diese, eigentlich geraden Konturen, in ihren Linienführungen gebogen, so liegt eine so genannte *„Froschaugenperspektive"* vor, in deren Mitte alles etwas vergrößert und auseinander gezogen wird und an deren Rändern alles nach außen gebogen abgebildet ist (siehe S. 72, Abb. 39).
Auf diesen Bildern erscheinen auch Gesichtsmerkmale etwas proportional verzerrt, besonders wenn sie sich am Bildrand befinden.

Verzerrungen in den Gesichtsproportionen treten ebenfalls auf, wenn das Gesicht aus unterschiedlichen Entfernungen fotografiert wird.
Bei Aufnahmen im Nahbereich erscheinen die Seiten schmaler und verkürzt sowie die Mitte des Motivs vergrößert (siehe Abb. 40).

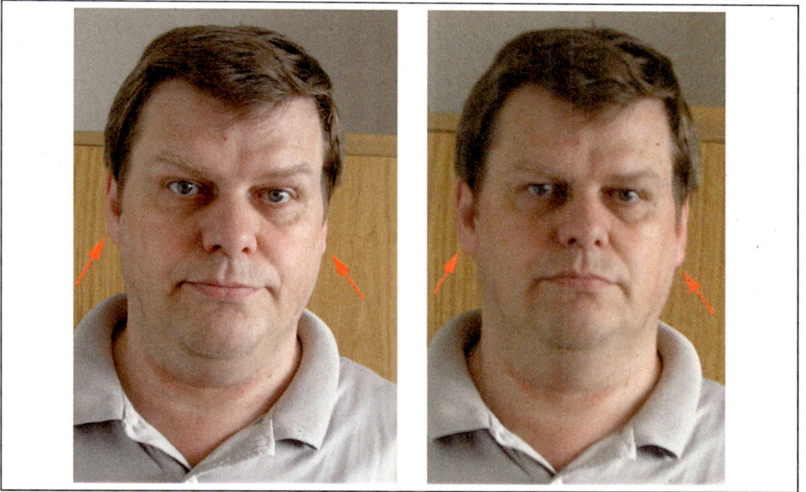

Abb. 40: Person aus einer Entfernung von 60 cm (links) u. 360 cm (rechts) fotografiert

Unterschiedliche *Aufnahmeperspektiven* lassen manche Gesichtselemente teilweise sehr unterschiedlich erscheinen.
Ein Nasenrücken, der von vorn gerade und gleichmäßig wirkt, kann im Profil gewellt aussehen. Eine Nasenspitze, die optisch auf einem Bild gerade nach vorn zeigt, kann bei einer Aufnahme, die von unten fotografiert wurde, plötzlich wie eine Stupsnase und sehr viel kürzer wirken.

Aus diesem Grund ist es vorteilhaft, und manchmal auch unbedingt notwendig, Motive aus übereinstimmenden Perspektiven zu vergleichen oder Motive aus mehreren verschiedenen Blickwinkeln zu nutzen (siehe S. 74, Abb. 41).

Abb. 41: Aufnahmeperspektiven

Die Person auf dem nebenstehenden Foto wurde aus unterschiedlichen Perspektiven, jeweils gedreht um 22,5 Grad, fotografiert, um Unterschiede in den Merkmalsausprägungen aus verschiedenen Blickwinkeln zu verdeutlichen

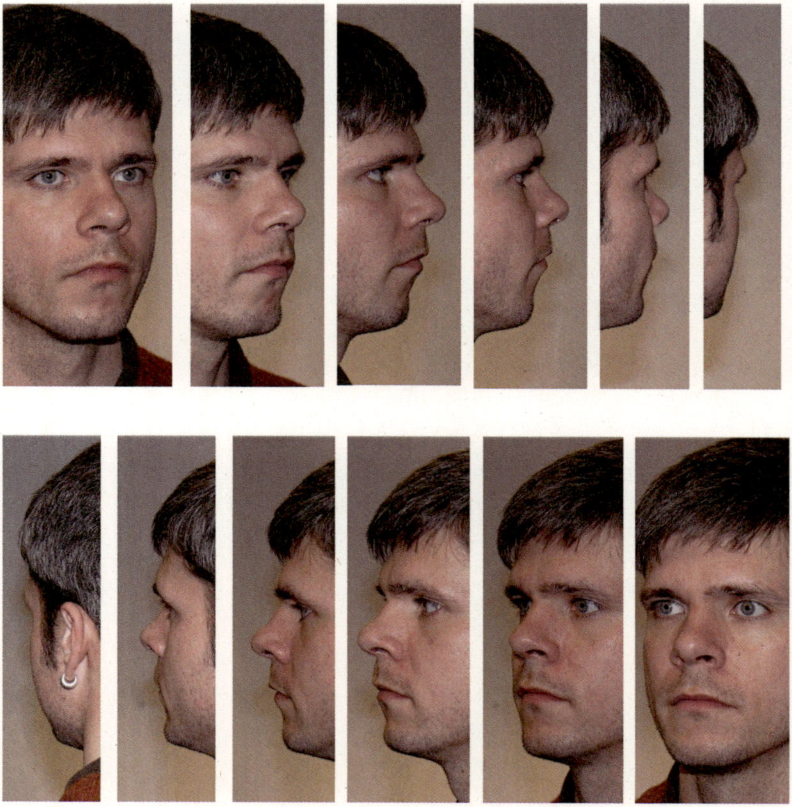

9.2.3 Bildauflösung

Die Qualität der Lichtbilder und damit die Bildauflösungen sind entscheidend für eine erfolgreiche Identifizierung.

Jedes digital vorliegende Bild besteht aus vielen Punkten, die in der Maßeinheit *DPI (Dots per Inches)* angeben, wie hoch die Punktanzahl auf einer Länge von 2,54 cm ist. Aus diesen Punkten, die in unterschiedlichen Farbwerten angeordnet sind, stellt sich das Motiv dar.
Wird nur aus wenigen Punkten ein Motiv abgebildet, können sich Konturen oder auch Farbwerte anders darstellen oder kleine Merkmale, wie Hautverfärbungen, gar nicht sichtbar werden (siehe Abb.42).

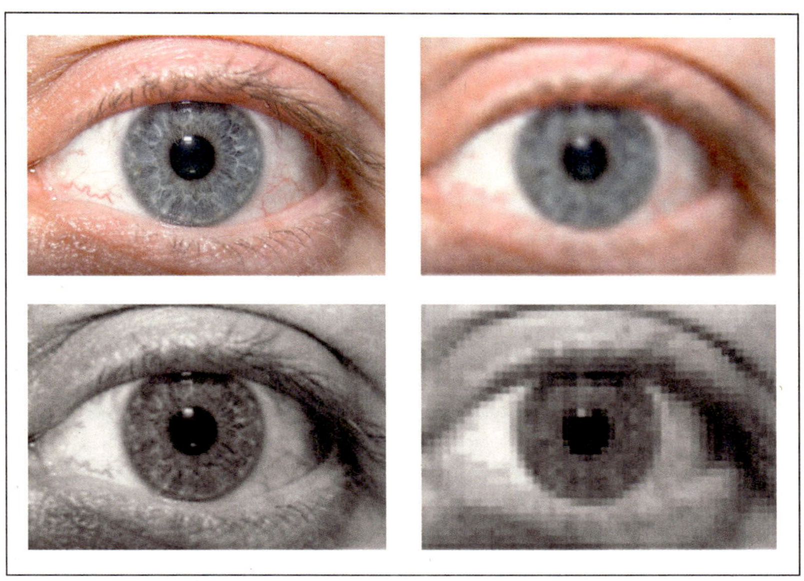

Abb. 42: oben links: Hoch auflösende Detailaufnahme
oben rechts: 10-fach geringere Auflösung gegenüber dem Originalbild
unten links: Originalbildausdruck auf hoch auflösendem Laserkopierer
unten rechts: Erneutes Einscannen des Laserausdrucks mit 72 DPI

Durch „Medienbruch" – das Ausdrucken digitaler Bilder und erneutes Einscannen – geht ein Großteil der Qualität verloren und es werden teilweise neue, künstliche Konturverläufe erzeugt. Dieses sollte möglichst vermieden werden.

Manchmal täuschen extreme Farbschwankungen bei schlechter Auflösung auch Merkmale vor, die nicht vorhanden sind (z. B. Hautverfärbungen und abweichende Konturverläufe).

Abb 43: Durch Unschärfe unkenntlich gemachte Personen im ENFSI-Ringversuch

Während eines Ringversuches, den das niederländische Forensische Institut im Jahr 2007 im Auftrag des ENFSI (European Network of Forensic Science Institutes) initiierte, trat eine erschreckend hohe Zahl an Fehlidentifizierungen auf.
Sie wurden verursacht durch die Begutachtung von zu schwach aufgelösten Fotos (Abbildung 43 zeigt die Testpersonen, die jeweils aus weiteren angebotenen ähnlichen Vergleichspersonen herausgefunden werden sollten).

Einige der teilnehmenden Gutachter neigten besonders dann zu Fehlinterpretationen, wenn die gesuchte Person sich nicht unter den angebotenen Vergleichspersonen befand.
Das Ergebnis des Ringversuchs offenbart zwei Phänomene:
Erstens - es ist zwecklos und sogar gefährlich, bei jeder Begutachtung ein absolutes Endergebnis präsentieren zu wollen.

Wenn die Qualität der Bilder für eine Identifizierung nicht ausreicht, muss der Gutachter das Untersuchungsmaterial für unbrauchbar erklären, da es unmöglich ist, eine klare Aussage zu treffen. Die Gerichte oder Ermittlungsbehörden - und auch die Gutachter selbst - müssen akzeptieren, dass man bei schlechter Bildqualität kein Ergebnis liefern kann.

Das zweite Phänomen ist der psychologische Aspekt: ‚Die Ermittler werden mir schon den richtigen Tatverdächtigen als Vergleichsperson liefern'.
Diese Gedankengänge schleichen sich automatisch ein und sind besonders dann sehr gefährlich, wenn sich der Täter nicht unter den angebotenen Personen befindet.
Dies hat in der Vergangenheit schon oftmals zu falschen Identifizierungen durch Augenzeugen geführt, da diese oft schnell und oberflächlich vergleichen bzw. Details nicht mehr so gut im Gedächtnis haben (*Köhnken G. & Sporer S. L./1990).*
Stehen für eine visuelle Begutachtung qualitativ hochwertige Bilder zur Verfügung und befindet sich der Täter nicht unter den angebotenen Vergleichspersonen, wird dies bei der ausführlichen Begutachtung anhand der Abweichungen der Morphologie der Gesichtsmerkmale schnell klar.
Ist aber die Qualität der Lichtbilder schlecht, können diese kleinen Unterschiede manchmal unsichtbar bleiben.

Während des niederländischen Ringversuchs nutzte ein Labor ein automatisiertes, *biometrisches Gesichtserkennungssystem.*
Es sortierte die Vergleichspersonen nach Ähnlichkeit und präsentierte in allen Untersuchungsreihen eine falsche Person an erster Stelle! Das verursachte eine Fehlidentifikation in allen fünf Versuchsreihen.
Dies ist ein deutlicher Beweis dafür, dass man von biometrischen Gesichtserkennungssystemen keine endgültige Identifizierung erwarten kann. Es werden nur Personen vorgeschlagen, die ähnliche Gesichtsproportionen besitzen, die dann aber von Sachkundigen überprüft werden müssen.

Wirken die Bilder auf den ersten Blick ausreichend gut aufgelöst, bestehen aber zusätzlich große Zeitabstände zwischen den Vergleichsbildern, sollten die Aufnahmen trotzdem mit großer Vorsicht ausgewertet werden.

10. Visueller Vergleich von Bekleidungsstücken

Bekleidungsstücke werden durch einen Produktionsprozess aus konfektionierten Textilien gefertigt. Bei den textilen Flächen kann es sich um Strickwaren, Gewebe, Leder oder andere Materialien handeln.

Bekleidung ist meistens aus mehreren Schnittteilen aufgebaut, die je nach Modellgestaltung und Größe des Bekleidungsstücks variieren und somit ein Bekleidungsstück bzw. eine Modellserie charakterisieren.

Weitere charakteristische Merkmale entstehen durch die Farbgebung und Musterung der einzelnen Materialien und die verwendeten Accessoires (wie Knöpfe, Schnallen usw.).

Beim Zuschnitt der Bekleidungsteile werden die Stoffe meist ohne Rücksicht auf die Musterung mehrfach übereinander gelegt und zugeschnitten, dadurch ergeben sich immer wieder andere Ausschnitte aus einem Musterrapport, die jedem Kleidungsstück ein ganz individuelles Aussehen verleihen.

Zusätzlich zu den Variabilitäten des Materials kommen die individuellen Merkmale aus dem Verarbeitungsprozess hinzu. Hierzu gehören Nahtbilder, die durch Fadenart, -farbe und -spannung bzw. durch Stichlänge und -art beeinflusst werden.
Durch das Tragen und Reinigen der Bekleidung entstehen weitere individuelle Gebrauchsspuren, wie Ent- bzw. Verfärbungen, Abnutzungen, Defekte, Faltenbildungen usw., die dem Kleidungsstück Individualcharakter geben.

Bei *Leder* handelt es sich um ein Material, das zum dauerhaften Einknicken an bestimmten Stellen neigt, wenn es beim Tragen, durch die immer wiederkehrenden Bewegungsabläufe des Trägers/Besitzers, bestimmten Beuge- und Biegebeanspruchungen ausgesetzt ist.
Außerdem weist Leder als gewachsenes Naturprodukt individuelle Unterschiede in der Oberflächenstruktur auf. Es kann glatte und stärker genarbte Schnittteile in einem Bekleidungsstück aufweisen.

Jeanskleidung besteht meist zu 100% aus Baumwolle. Diese Faser besitzt eine geringe Elastizität und neigt verstärkt zur Knitterbildung.
Die beim Knicken eines Baumwollgewebes auf die einzelnen Fasern einwirkenden Zug- und Druckkräfte führen zu einem Verschieben der Fasern gegeneinander. Dies beeinträchtigt die innere Ordnung im Faser-

gefüge. Sie ist nicht wieder herstellbar und führt deshalb zu Knitterfalten an immer wieder denselben Stellen.

An den Nähten entsteht deshalb schon bei der Herstellung eine wellige Oberflächenstruktur als Zufallsprodukt aus verschiedenen Faktoren wie:

- der Steifheit, Dicke und Spannung des Gewebes,
- der Art und Weise der Führung des Nähgutes,
- der Art des Nähstiches,
- der physikalischen Eigenschaften des Nähfadens und seiner Spannung
- sowie der Kombination aus Maschinen- und Handarbeit.

Diese Zufallsprodukte sind nicht reproduzierbar und verleihen dem Kleidungsstück daher Individualcharakter.

Abb. 44: Identifizierung anhand der Färbung und Faltenbildung von Bekleidung

Jeansstoffe sind oberflächengefärbte Stoffe, die im Waschverfahren an höher liegenden Stellen ausbleichen und in tiefer liegenden Regionen eine dunklere Färbung zeigen. Diese unterschiedlichen Farbintensitäten, die durch die oben beschriebenen Faktoren zufällig und an jeder Bekleidung individuell entstehen, sind auf Lichtbildern sichtbar und somit vergleichbar.

Auch stark gemusterte Materialien oder Gestricke aus verschiedenfarbigen Garnen bieten aufgrund des Musterrapportes eine große Anzahl von individuellen Merkmalen.

Bei einem allgemeinen Vergleich der Bekleidungsgegenstände wird die Zugehörigkeit oder Nichtzugehörigkeit zu einer bestimmten Modellserie überprüft.
Mit dem Detailvergleich kann bei entsprechender Anzahl der gefundenen individuellen Merkmale (wie Falten, Verfärbungen, Abnutzungen, Nahtbildern, Musterungen usw.) eine beweiserhebliche Aussage über die Identität bzw. Nichtidentität eines bestimmten, einzelnen Kleidungsstückes erfolgen.

Notwendig für eine Bekleidungsbegutachtung sind Abbildungen von Überwachungskameras, die die Details von Nähten und Falten bzw. bestimmte Musterungen erkennen lassen und als Vergleichsmaterial am besten die Originalbekleidungsgegenstände, die bei Hausdurchsuchungen oder am flüchtigen Tatverdächtigen gesichert wurden.
Diese Gegenstände werden vom Gutachter aus übereinstimmenden Perspektiven fotografiert, um dann die Bilder zu vergleichen.
Bei der Darstellung von Bekleidung auf Überwachungsaufnahmen können teilweise starke *Farbunterschiede* zwischen dem Original und dem Foto bestehen (siehe auch S. 79, Abb. 44). Darauf ist im Gutachten besonders hinzuweisen.

Die Begutachtung von Bekleidung sollte von Bekleidungs- oder Textilingenieuren vorgenommen werden, die den Verarbeitungsprozess von Bekleidung beherrschen und die beobachteten Merkmale umfassend auswerten können.
Speziell geschulte Sachverständige sind in den wissenschaftlichen bzw. forensischen Abteilungen einiger Landeskriminalämter tätig.

11. Schlussbetrachtung

Die vorangegangenen Kapitel ermöglichen detaillierte Untersuchungen und Beschreibungen von Gesichtern und Personenmerkmalen, die zum Vergleichen von Lichtbildern zwecks Feststellung von übereinstimmender oder abweichender Identität geeignet sind.
Sie zeigen aber auch Problemfelder und Fehlermöglichkeiten auf.

Um richtige Ergebnisse zu liefern, sind eine ständige Beschäftigung mit menschlichen Gesichtern, eine sehr gute Beobachtungsgabe und Gefühl für Proportionen und Linienverläufe sowie jahrelange Erfahrung auf diesem Gebiet notwendig.
Deshalb sollten Personenbeschreibungen im erkennungsdienstlichen Bereich und besonders Identitätsbegutachtungen unbedingt nur von gut ausgebildeten und erfahrenen Fachleuten vorgenommen werden.

Jeder Sachverständige, der Personen auf Lichtbildern begutachtet, muss sich bewusst sein, dass seine Aussage beweiserheblich in eventuell nachfolgende Gerichtsverfahren eingeht, und dass das Gericht der Aussage des „Fachmanns“ großen Wert beimisst.

Es zeichnet einen erfahrenen Sachverständigen aus, die Grenzen des Machbaren zu erkennen und bei bestimmten Bildqualitäten eine Begutachtung konsequent abzulehnen.
Auch für Gutachter gilt immer, „ ... im Zweifel für den Angeklagten“ zu sein und seine Aussage verantwortungsbewusst zu formulieren.

Abschnitt B

Polizeiliche Personenbeschreibung

Einleitung

Polizeiliche Personenbeschreibungen finden meist im Erkennungsdienst und im Ermittlungsbereich Anwendung.
Sie sind Grundlage für Personenrecherchen in digitalisierten polizeilichen Systemen und für Fahndungsaufrufe.

Obwohl bundeseinheitliche Bezeichnungen innerhalb der Polizei existieren, wird immer wieder deutlich, dass zwischen den Behörden der einzelnen Bundesländer Abweichungen in der Verwendung der Begrifflichkeiten bestehen.
Zusätzlich ist die Beschreibung einer Person immer mit viel Subjektivität verbunden: Wenn verschiedene Mitarbeiter ein und dieselbe Person beschreiben, werden sich aufgrund unterschiedlicher Sichtweisen der Beschreibenden auch immer die angefertigten Personenbeschreibungen leicht unterscheiden.

Um diese Subjektivität zu minimieren verwendet man innerhalb der Polizei verschiedenste Softwaresysteme. Sie bieten fertige Katalogwerte an, die allgemein verständlich und sowohl für Zeugen als auch für Mitarbeiter anderer Behörden, wie Ausländerämter, Einwohnermeldeämter usw., nachvollziehbar sind.
Oft ist die jeweilige Erfassungssoftware für die Personenbeschreibung in einzelne Felder unterteilt, von denen manche als Pflichtfeld betrachtet werden sollten. Das bedeutet, dass die Einträge in diese Pflichtfelder sowohl für erkennungsdienstliche (ED-) Behandlungen, als auch für Fahndungszwecke immer relevant sind und unbedingt ausgefüllt werden müssen.

Einige Personen beschreibende Begriffe unterliegen modischen Schwankungen und verändern sich im Laufe der Jahre leicht.
Dies trifft besonders auf Frisuren, Barttrachten, Tätowierungen und Modeerscheinungen, wie Piercings, Brandings, Implantate u. ä. zu.
Anatomische Merkmale, wie bestimmte Gesichts-, Nasen-, Augen- und Ohrenformen, haben dagegen über Jahrzehnte unverändert Bestand.

Im Folgenden werden gebräuchliche aktuelle Felder mit den dazugehörigen Katalogwerten aufgeführt und deren Verwendung erläutert oder per Beispielzeichnungen verdeutlicht.
Durch die Beachtung der gegebenen Hinweise könnte man zukünftig den Faktor „Subjektivität“ weiter in den Hintergrund drängen und bundeseinheitliche Systeme zur Personenrecherche effektiver nutzen.

1. Geschlecht

Das Feld „Geschlecht“ ist als Pflichtfeld zu betrachten.
Es ist nur ein Wert aus den folgenden auswählbar - Mehrfacheinträge sind nicht möglich.

männlich	für männliche Personen
weiblich	für weibliche Personen
(unbekannt)	kann nur für Personenbeschreibungen von unbekannten Personen verwendet werden; existiert im Erkennungsdienst nicht, da laut Identitätspapieren immer ein Geschlecht ausgewiesen ist.

In seltenen Fällen der Geschlechtsumwandlung wird das aktuelle in den Personaldokumenten ersichtliche Geschlecht mit den passenden Vornamen bei erneuter ED-Behandlung erfasst. Zur Erläuterung ist ein freitextlicher Zusatzhinweis auf die erfolgte Umwandlung zweckmäßig.

2. Größe (Körperhöhe)

Das Feld „Größe“ ist ein Pflichtfeld.
Die Größe wird als Zahlenwert **in Zentimeter (cm)** angegeben und als Körperhöhe ohne Schuhe während einer erkennungsdienstlichen Behandlung gemessen oder für Personenbeschreibungen von unbekannten Personen geschätzt.
Dafür sollten in jedem erkennungsdienstlichen Bereich Messeinrichtungen zur Verfügung stehen.
Die Größe kann abhängig vom Tageszeitpunkt bei ein und derselben Person schwanken und besonders nach schwerer körperlicher Arbeit abends mehrere Zentimeter kürzer sein, als morgens.

Zusätzlich können „von/bis“ Angaben (z. B.: ca. 170 - 175 cm groß) und verschiedene Einstufungen für Fahndungszwecke verwendet werden:

	Frauen	Männer
klein	< 160 cm	< 170 cm
mittelgroß	160 - 175 cm	170 - 185 cm
groß	175 - 185 cm	185 - 195 cm
sehr groß	> 185 cm	> 195 cm

3. Schuhgröße

Die Schuhgröße wird in DIN-Norm angegeben. Es gibt drei verschiedene Maßeinheiten für Schuhgrößen:

cm	obere Messreihe der unten stehenden Tabelle
Pariser Stich	mittlere, graue Zeile (gebräuchlichste Maßeinheit)
English Size	untere Zeile (englische/amerikanische Größenangaben)

		Kinder	Erwachsene
Schuhspuren	Länge in cm	10 11 12 13 14 15 16 17 18 19 20 21 22	23 24 25 26 27 28 29 30 31 32 33
Schuhgrößenangaben	Pariser Stich	15 16 17 18 19 20 21 22 23 24 25 26 27 28 29 30 31 32 33	34 35 36 37 38 39 40 41 42 43 44 45 46 47 48 49
	Engl. Size	0,5 1 2 3 4 5 6 7 8 9 10 11 12 13 1	2 3 4 5 6 7 8 9 10 11 12 13 14

Umrechnungstabelle der verschiedenen Schuhgrößen

Viele Systeme geben alle drei Werte automatisch vor. Sollte das nicht der Fall sein, kann die Umrechnungstabelle genutzt werden.

4. Statur (Gestalt)

Das Feld „Statur“ ist ein Pflichtfeld, das sowohl für eine ED-Behandlung, als auch für Fahndungszwecke relevant ist.
Sollte eine Person von der Figur her nicht genau zu einer Gruppe zuzuordnen sein, ist es sinnvoll, zwei benachbarte Werte anzugeben (z. B. hager/schlank)

athletisch	breite Schultern, schmale Hüften (V-Form)
hager	schmale Schultern, schmale Hüften, eingefallene Wangen und Bauch, knochige Arme und Beine
schlank	Brust und Rumpfpartie nicht hervorstehend (Idealgewicht)
kräftig	breite Schultern, breites Becken, leichter Bauchansatz (andere Bezeichnungen: massig, vollschlank sowie untersetzt: Nur in Verbindung mit kleiner Körpergröße)
dick	Brust, Bauch, Hüften stark entwickelt, breites Becken

(Beispiele siehe S. 88, Abb. 45)

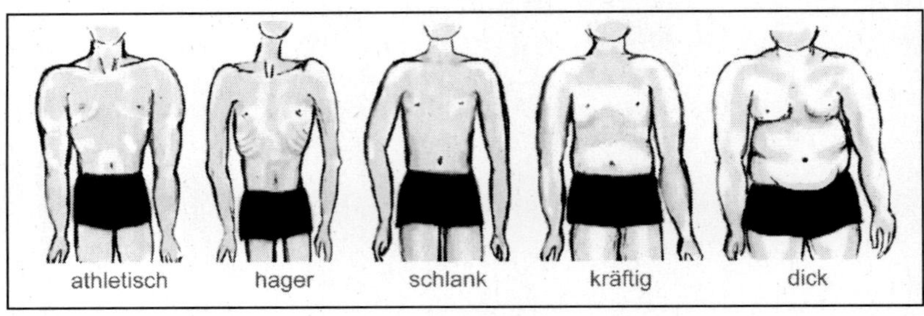

Abb. 45: Beispiele für die Bezeichnungen der Statur

5. Gewicht

Das Feld „Gewicht" ist in den meisten Programmen ein Pflichtfeld.
Das Gewicht wird gewogen und **in Kilogramm (kg)** angegeben.

6. Phänotypus (äußere Erscheinung)

Das Feld „Phänotypus" sollte als Pflichtfeld betrachtet werden.
Die unten genannten Katalogwerte stehen zur Beschreibung der äußeren Erscheinung eines Menschen zur Verfügung.
Sie werden teilweise in den einzelnen Bundesländern unterschiedlich angewendet.

afrikanisch	afro-amerikanisch, nordafrikanisch, nordostafrikanisch zentral-/südafrikanisch
asiatisch	ostasiatisch, südasiatisch, südostasiatisch, westasiatisch, zentralasiatisch
europäisch	osteuropäisch, südeuropäisch, südosteuropäisch, westeuropäisch
indianisch	mittel-/südamerikanisch, nordamerikanisch

Zur bundesweiten Vereinheitlichung der Werte laufen derzeit Bestrebungen, diese zu reduzieren bzw. zusammen zu fassen, z.B. nach folgendem Schema - siehe S. 89, Abb. 46:

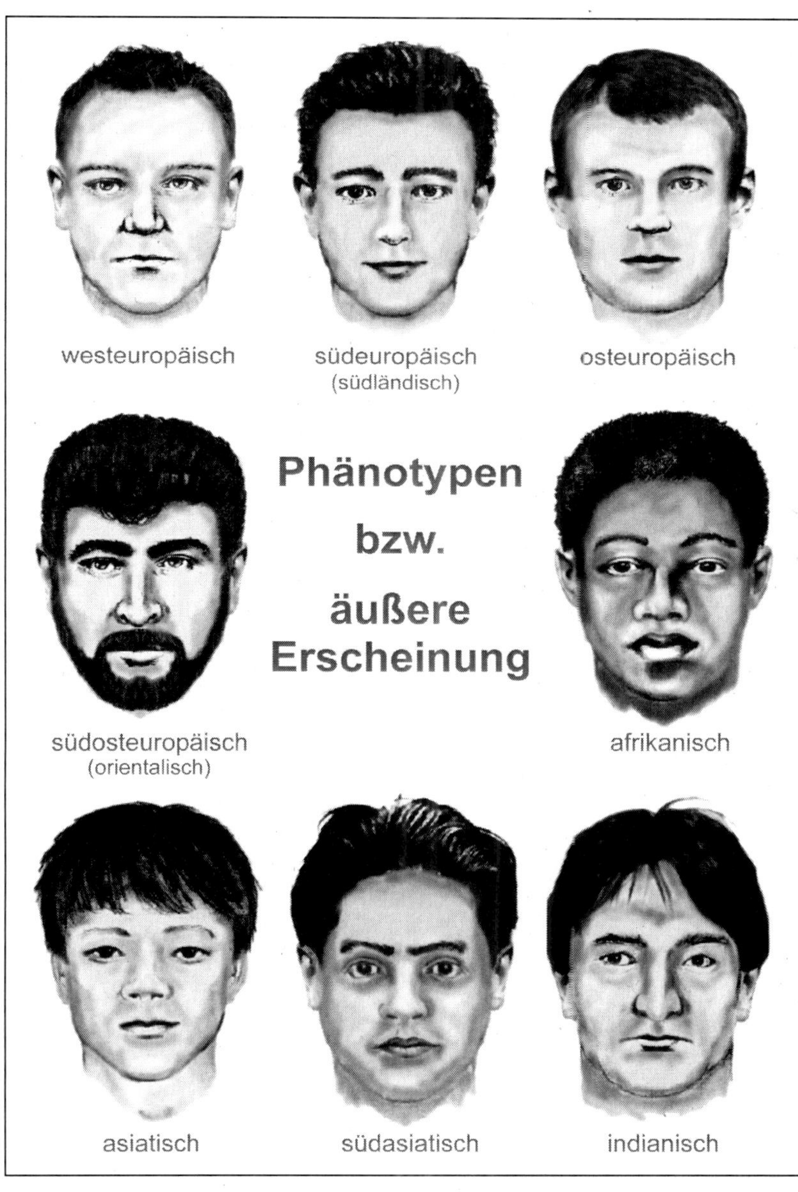

Abb. 46: Beispiele für reduzierte Phänotypengruppen (angelehnt an die ehemaligen Bezeichnungen der äußeren Erscheinung)

7. Stimme

Das Feld „Stimme“ wird nur ausgefüllt, wenn folgende Besonderheiten an der Stimme zu beobachten sind. Mehrfacheinträge sind möglich.

langsam	schnell
laut	leise
lispelt	näselt/nuschelt
sehr hoch	sehr tief
stottert/stammelt	stumm
belegt/heiser	

8. Sprache

Das Feld „Sprache“ wird nur ausgefüllt, wenn folgende Besonderheiten beim Sprechen zu beobachten sind:

hochdeutsch	die Person spricht deutsch ohne erkennbaren Dialekt bzw. Mundart
gebrochen deutsch	die Person kann sich in Deutsch verständigen
deutsch mit Akzent	die Person spricht sehr gut deutsch, aber man kann noch heraushören, dass es nicht die Muttersprache ist.
kein deutsch	die Person spricht kein Wort deutsch

Zusätzlich werden Fremdsprachenkenntnisse aller Personen und die Muttersprache von ausländischen Bürgern erfasst.

9. Mundart/Dialekt

Sofern im Feld „Sprache“ nicht „Hochdeutsch“ als Merkmal angegeben wurde, müsste ein Eintrag im Feld „Mundart“ erfolgen.
Sollten einige Mundarten nicht gesondert aufgeführt sein, aber es wird ortstypischer Dialekt gesprochen, ist der Oberbegriff zu verwenden.

norddeutsch	friesisch
	holsteinisch
	niedersächsisch
	ostfriesisch
ostdeutsch	berlinerisch
	mecklenburg-vorpommerisch
	sächsisch
	thüringisch
süddeutsch	alemannisch
	bayerisch
	fränkisch
	österreichisch
	pfälzisch
	saarländisch
	schwäbisch
	Schweizerdeutsch
westdeutsch	hessisch
	rheinisch
	Ruhrgebiet-Dialekt
	westfälisch

10. Gesicht

Die Angabe der Gesichtsform sollte als Pflichtangabe betrachtet werden, auch wenn dieses für Recherchen oder Fahndungen oft unrelevant ist. Angaben zur Gesichtsfarbe oder zu besonderen Merkmalen des Gesichtes werden nur gemacht, wenn auffällige Besonderheiten vorhanden sind.

Gesichtsfarbe

blass	braun/gebräunt
hell	dunkel
frisch (rosig)	rot

Merkmale

faltig
pockennarbig
pickelig
Sommersprossen
vorstehende Wangenknochen

Gesichtsform (siehe auch Seite 21, Abb. 3)

Mehrfacheinträge, wie „hager“ und „oval“ o. ä. sind möglich.

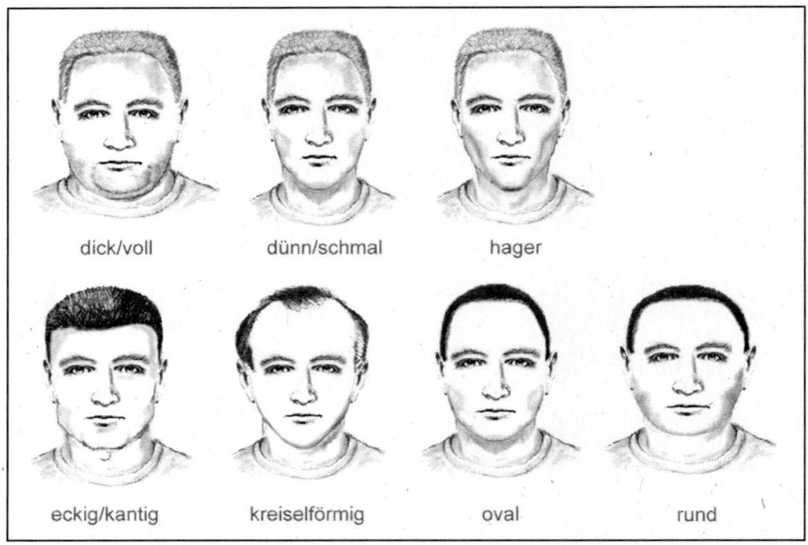

Abb.47: Beispiele für Bezeichnungen der Gesichtsfülle und der Kopfformen

11. Haare

Das Feld „Haare“ ist ein Pflichtfeld. Sofern Haare vorhanden sind, ist die Farbe, Struktur und Länge anzugeben. Sind keine Haare vorhanden, ist entweder „Glatze“ für die Altersglatze anzugeben oder „rasiert“ bzw. „extrem kurz“ für abrasierte Haare, die später wieder wachsen könnten.

Farbe (siehe auch S. 28, Abb. 8)

Naturfarben	weiß, grau, graumeliert, hell-, mittel-, dunkelblond, rot (rotblond), hell-, dunkelbraun, schwarz
gefärbt	blau, gelb, grün, lila/violett, orange, rot
Strähnchen	
bunt/verschiedenfarbig	
dunkel	
hell	

Länge

rasiert (extrem kurz)	kurz rasiert bis zur Glatze (< 0,5 cm)
kurz	Kurzhaarschnitt (ca. 0,5 bis ca. 5 cm lang)
nackenlang	Haare reichen bis auf den Kragen
schulterlang	Haare reichen bis auf die Schulter
lang	Haare reichen länger über die Schultern hinaus

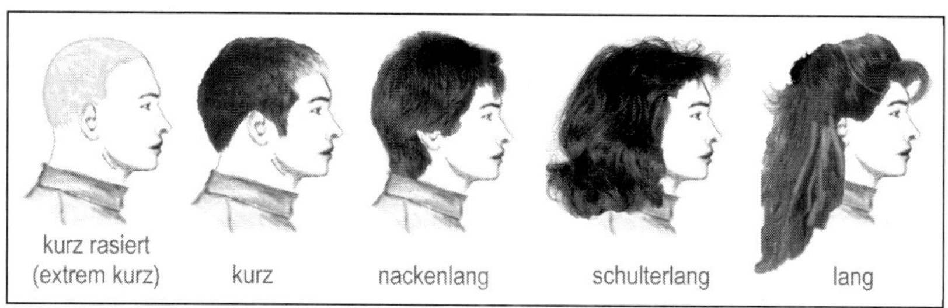

Abb. 48: Beispiele für Haarlängenbezeichnungen

Haarstruktur

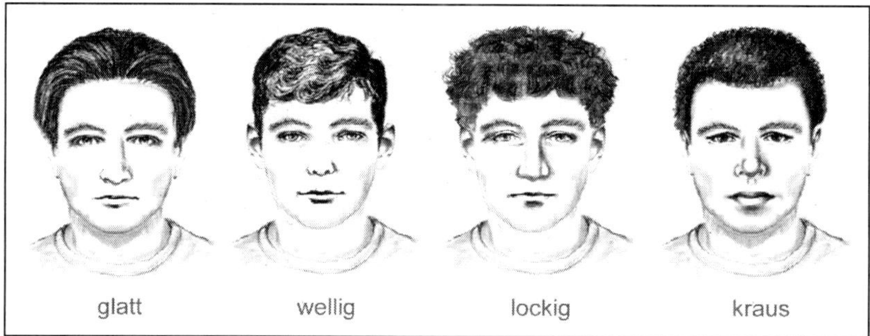

Abb. 49: Beispiele für unterschiedliche Haarstrukturen

Haarmerkmale

Einige Merkmale sind auch per Zeichnung S. 94, Abb. 50 erläutert.

Geheimratsecken	Haarkranz	zurückgekämmt
Perücke	Glatze	schütter
Stirnglatze	Wirbelglatze	links gescheitelt
Rasta	Insel	rechts gescheitelt
Punker/Irokese	Zöpfe (Pferdeschwanz)	Mittelscheitel

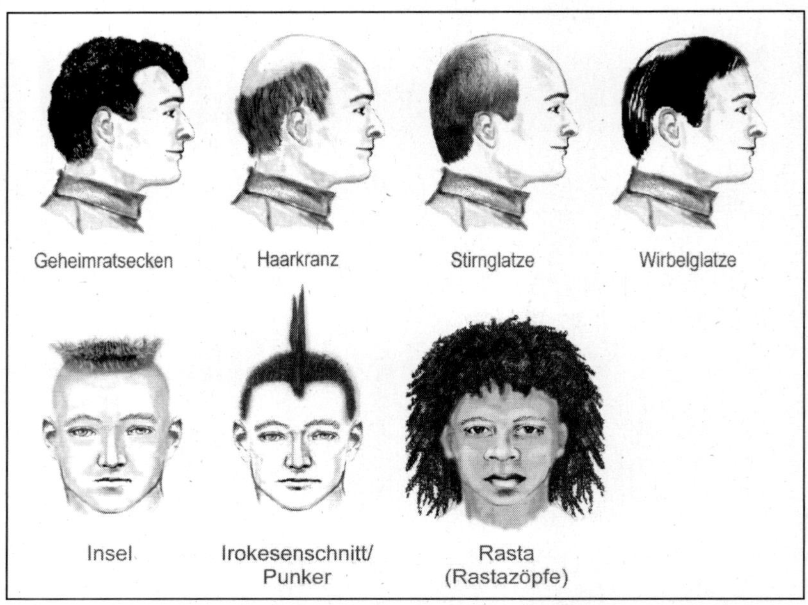

Abb. 50: Beispiele für Haarmerkmale (Wuchsformen des Kopfhaares und Frisuren)

12. Ohren

Einträge im Feld „Ohren" werden nur gemacht, wenn nachfolgende Besonderheiten auftreten. Bei einigen Besonderheiten ist die Kopfseite mit zu benennen. Hierbei ist zu beachten, dass man sich bei der Angabe der Kopfseite immer in die Person hineinversetzt, (es muss z. B. heißen „sein rechtes Ohr ist taub", auch wenn der Beschreibende das rechte Ohr auf der linken Seite vor sich sieht).
Mehrfacheinträge sind möglich.

große Ohren	kleine Ohren
abstehend	(links oder rechts angeben)
angewachsen	(links oder rechts angeben)
durchlocht/Ohrring	(links oder rechts angeben)
Piercing	bei Durchlochung des Ohres oberhalb des Ohrläppchens (links oder rechts angeben)
Hörhilfe	(links oder rechts angeben)
schwerhörig	(links oder rechts angeben)
taub	(links oder rechts angeben)

13. Stirn

Einträge im Feld „Stirn“ werden nur gemacht, wenn folgende Besonderheiten auftreten. Mehrfacheinträge sind möglich.

breit
fliehend
hoch
faltig

schmal
vorstehend/hervorspringend
niedrig

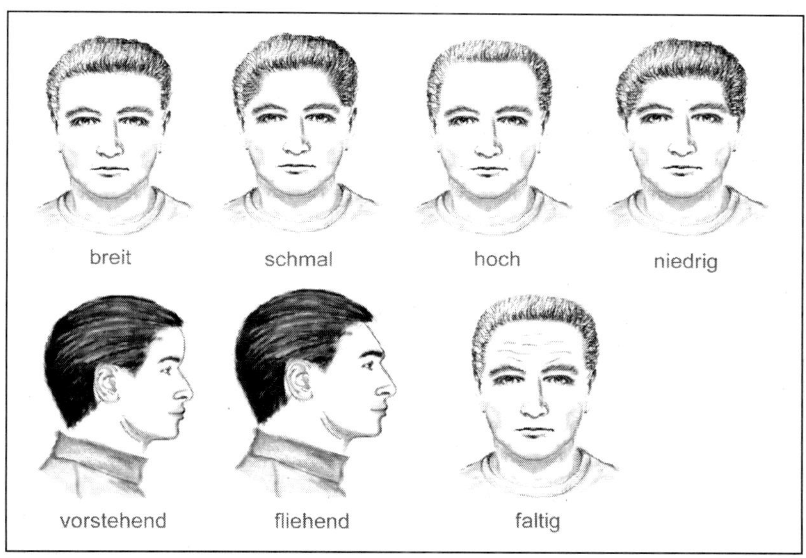

Abb. 51: Beispiele für Stirnformen

14. Augenbrauen

Einträge werden nur bei Besonderheiten gemacht (siehe S. 96, Abb. 52).

dünn/schmal
gerade
zusammengewachsen
Piercing
rasiert

buschig
rund (gebogen)
weitgestellt
(links oder rechts angeben)

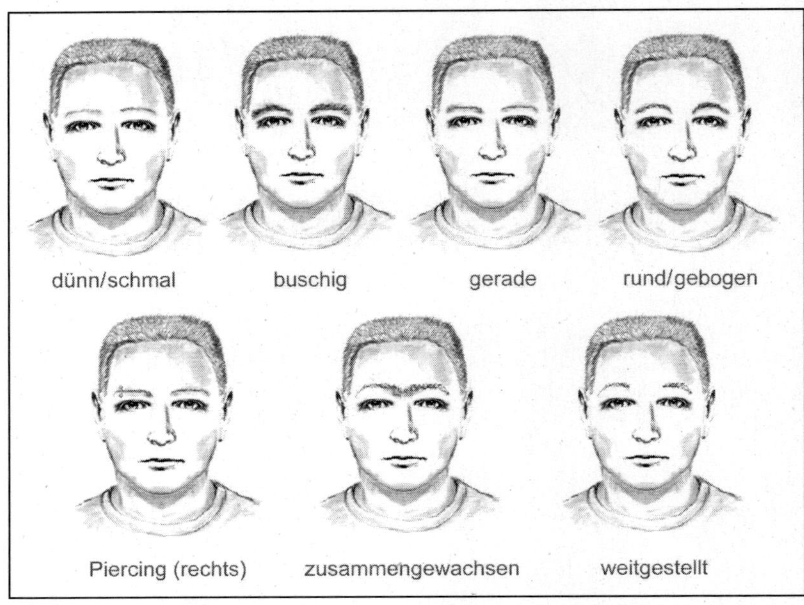

Abb. 52: Beispiele für Augenbrauenbezeichnungen

15. Augen

Das Feld „Augen" ist ein Pflichtfeld. Mindestens die Augenfarbe ist anzugeben und bei Bedarf noch andere Besonderheiten. Da gefärbte Kontaktlinsen immer mehr in Mode kommen, sollte in diesem Fall auch nach der natürlichen Augenfarbe gefragt werden.

Farbe

blau	braun
gelb	grau
grün	rot
schwarz	
verschiedenfarbig	(wenn beide Augen unterschiedlich gefärbt sind)
dunkel	hell

Mischformen wie „Blau-Grau", „Braun-Grün" usw. sind möglich.

Merkmale

Brillenträger
blind (links oder rechts angeben)
große Augen
faltig
tiefliegend
rund
schielen (links oder rechts angeben)
hängendes Lid/-lähmung

Kontaktlinsen
Glasauge (links oder rechts angeben)
kleine Augen
Tränensäcke
vorstehend (Basedowaugen)
schmal (Schlitzaugen)
nervöses Zwinkern, zucken
weitgestellt

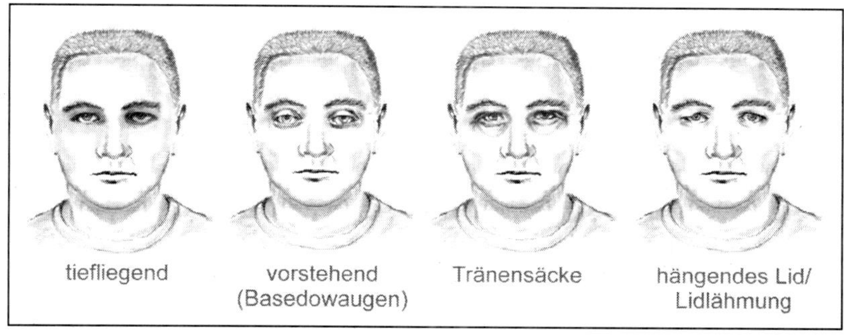

Abb. 53: Beispiele für besondere Augenmerkmale

16. Nase

Im Feld „Nase“ sind nur Einträge zu erfassen, wenn Besonderheiten in der Form oder Farbe vorhanden sind (siehe auch S. 98, Abb. 54).
Beim Vorhandensein eines Piercings in der Nase wird die Kopfseite mit angegeben.

groß
breit
Adler-/Hakennase
Boxernase
durchlocht
schief
rot/gerötet

klein
dünn/schmal
Stupsnase
Knollennase
Piercing (links oder rechts angeben)
spitz

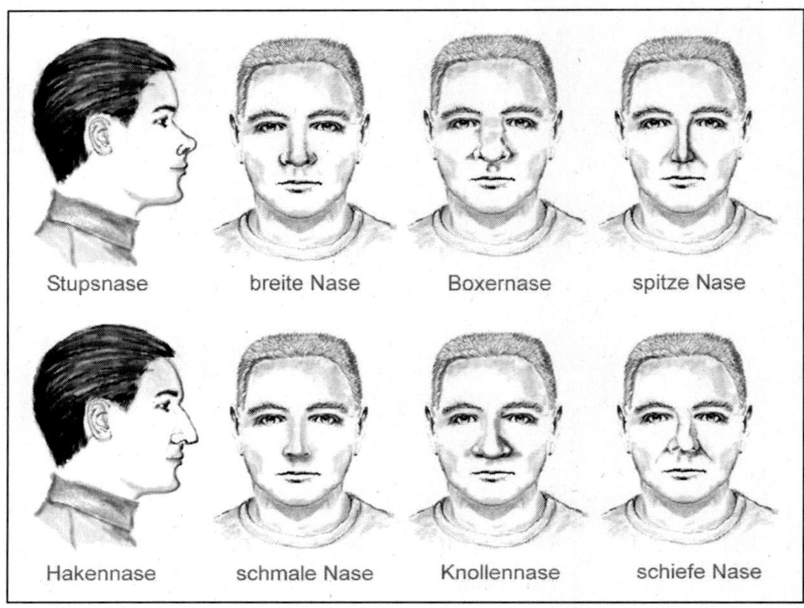

Abb. 54: Beispiele für die Bezeichnung der Nasenformen

17. Mund

Einträge erfolgen nur bei Bedarf - Mehrfacheinträge sind möglich.

dünne/schmale Lippen	wulstige (volle) Lippen
großer Mund	kleiner Mund
schiefer Mund	Hasenscharte

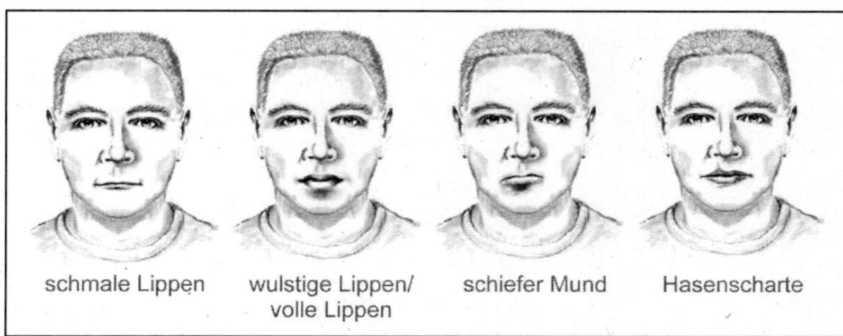

Abb. 55: Beispiele für die Bezeichnung einiger Mundformen

18. Zähne

Sollten an den Zähnen folgende besondere Merkmale beim normalen Sprechen auffallen, werden sie erfasst.
Dabei ist der Ober- oder Unterkiefer als Lage und links oder rechts anzugeben, wenn die Merkmale nur einseitig vorhanden sind.
Merkmale der hinteren Backenzähne, die man im Normalfall beim Sprechen nicht sieht, werden nicht eingetragen.
Mehrfacheinträge sind möglich.

lückenhaft
zahnlos
vorstehend
Raucher (verfärbt)
Vorbiss
Goldfüllung/-zahn
Prothese
schief
Zahnschmuck
Zahnspange

19. Kinn

Weist das Kinn eine oder mehrere der genannten auffälligen Formen auf, werden sie erfasst (in der Beispielzeichnung, Abb. 56, sind bei den beiden rechten Gesichtern mehrere Merkmale gleichzeitig genannt, die genauso gut auch einzeln auftreten könnten)
Mehrfacheinträge sind möglich.

breit
eckig/kantig
fliehend
gespalten
Doppelkinn
schmal
rund
vorstehend
Grübchen
spitz

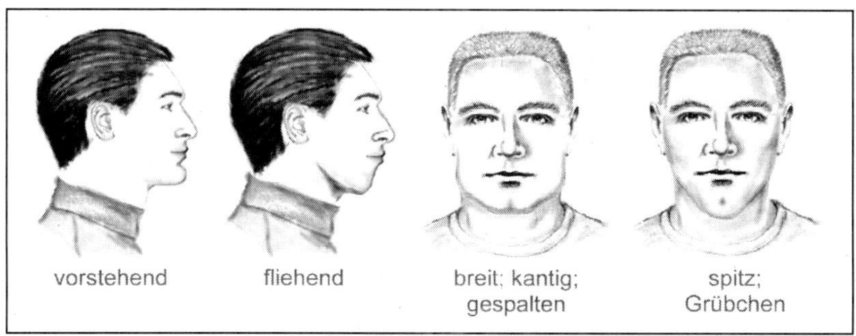

Abb. 56: Beispiele für die Bezeichnung einiger Kinnmerkmale

20. Bart

Beim Eintrag von Bärten in digitale Systeme gibt es verschiedene Herangehensweisen. In manchen Systemen ist das Körperteil zu benennen, wie z. B. Oberlippe, Kinn, Wange, und dann das Merkmal „Bart“ dazu zu setzen. Andere Systeme nutzen feststehende Bartbezeichnungen, wie Oberlippenbart, Rahmenbart, Spitzbart usw.
Die gebräuchlichsten Bartformen sind in der folgenden Abbildung ersichtlich.

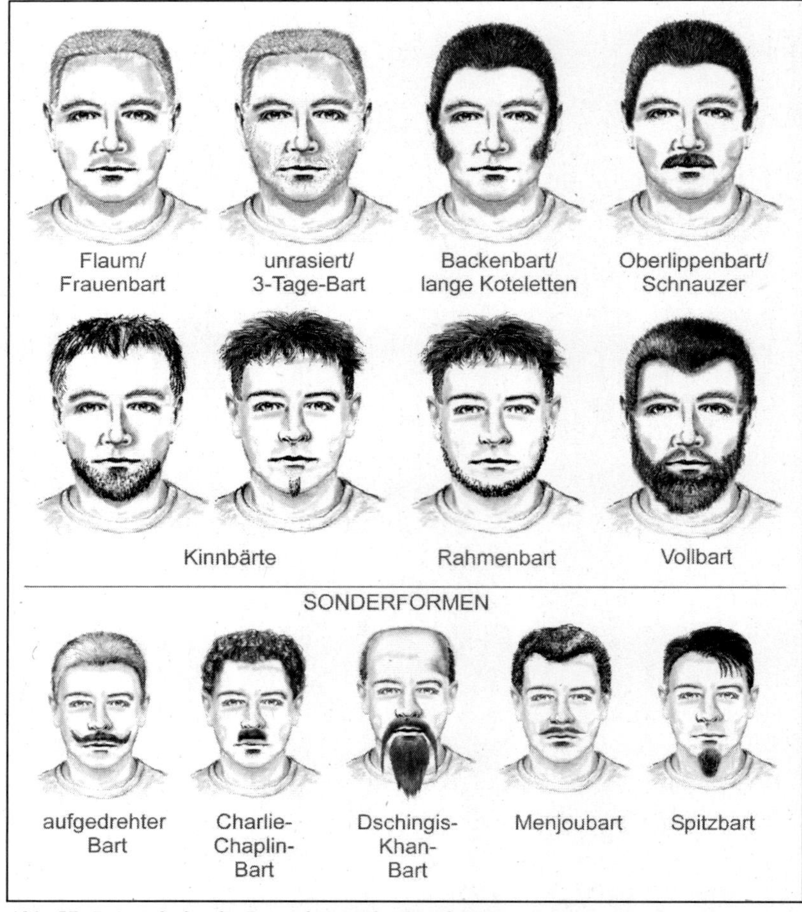

Abb. 57: Beispiele für die Bezeichnung der Bartformen

21. Hals

Weist der Hals eine oder mehrere der genannten Besonderheiten auf, werden sie erfasst.
Mehrfacheinträge sind möglich.

Adamsapfel (vorstehend)
dicker (breiter) Hals
dünner (schmaler) Hals
extrem kurz
extrem lang
Kropf

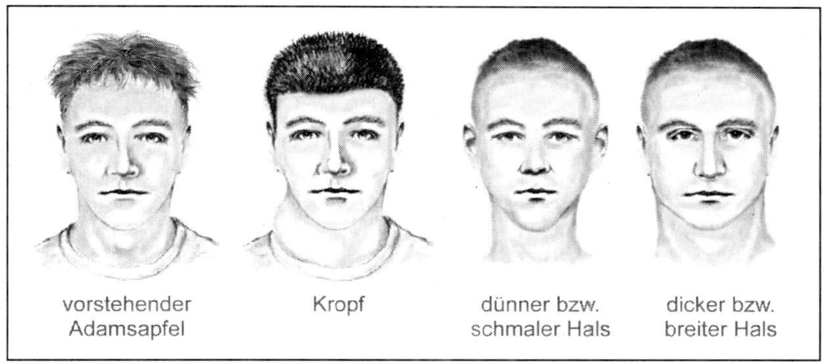

Abb. 58: Beispiele für einige Halsmerkmale

22. Hände

Folgende Besonderheiten der Hände können bei Bedarf erfasst werden.
Mehrfacheinträge sind möglich.

extrem groß
extrem klein
abgekaut oder Fingernagelbeißer
Linkshänder
verfärbt oder Raucher (Nikotinfinger)

23. Beine

In das Feld „Beine“ wird nur etwas eingetragen, wenn folgende Merkmale, vorhanden sind.
Mehrfacheinträge sind möglich.

O-Beine
X-Beine
Amputation (links oder rechts angeben)
gehbehindert/hinkt (links oder rechts angeben)
Stock/Gehhilfe
Rollstuhlfahrer
breitbeinig

24. Körperliche Besonderheiten

Da an jedem Körperteil besondere Merkmale, wie die unten genannten, auftreten können, gibt es einen Merkmals- und einen Lagekatalog.
Hier kann man ein bestimmtes besonderes Merkmal auswählen und das Körperteil benennen, an dem dieses Merkmal auftritt. Dabei sind wieder die Seitenangaben „rechts“ und „links“ nicht zu vergessen.
Mehrfacheinträge sind möglich.

Es fällt auf, dass einige Begriffe ähnliche Bedeutungen haben. Hier sollte man zukünftig eine Vereinheitlichung anstreben oder bei Einträgen und Recherchen auf sämtliche Kombinationsmöglichkeiten achten. Wenn z. B. ein Finger amputiert ist, sollte man sowohl „Amputation“, als auch „fehlendes Körperteil“ als Merkmal auswählen.
Den Begriff „Auffälligkeit“ sollte man vermeiden, da eigentlich jedes Merkmal mit den unten stehenden Bezeichnungen konkreter erläutert werden kann:

Merkmalskatalog

Amputation
auffallende Behaarung
Auffälligkeit
beschnitten
Branding
Buckel
Einstich
faltig

fehlendes Körperteil
Feuermal
Geschwulst
gespalten
Grübchen
Hautekzem
Hautverfärbung
Implantat
Knochenbruch
Missbildung
Muttermal/Leberfleck
Narbe
pickelig
Piercing
pockennarbig
Prothese
schief
Sommersprossen
Versteifung
Warze
wulstig
zittern
zucken

Lagekatalog

Mit Hilfe des Lagekatalogs wird angezeigt, wo ein bestimmtes besonderes Merkmal liegt. Manche Körperteile können auch nur rechts- oder linksseitig ausgewählt werden.
Verwendet man nur den Lagebegriff, ohne zusätzlich „rechts" oder „links" anzugeben, gilt er für beide Körperseiten.

Haut	
Kopf	
Haar	
Gesicht	
Hinterkopf	
Stirn	
Schläfen	Schläfe rechts/Schläfe links
Wangen	Wange rechts/Wange links
Wangenknochen	Wangenknochen rechts/Wangenknochen links

Nase	Nase rechts/Nase links
Kinn	
Oberkiefer	
Unterkiefer	
Augen	Auge rechts/Auge links
Augenbrauen	Augenbraue rechts/Augenbraue links
Augenlider	Augenlid rechts/Augenlid links
Ohren	Ohr rechts/Ohr links
Mund	
Mundwinkel	
Lippen	
Oberlippe	
Unterlippe	
Lippenbändchen	Lippenbändchen oben/Lippenbändchen unten
Zunge	
Zähne	
Hals	Hals rechts/Hals links
Nacken	
Kehlkopf	
Rumpf	Rumpf rechts/Rumpf links
Brust	Brust rechts/Brust links
Rippen	
Brustwarzen	Brustwarze rechts/Brustwarze links
Bauch	Bauch rechts/Bauch links
Bauchnabel	
Genital	
Hoden	
Rücken	Rücken rechts/Rücken links
	Rücken oben (Brustwirbelbereich)
	Rücken unten (Lendenwirbelbereich)
Gesäß	Gesäß rechts/Gesäß links
Hüfte	
Becken	
Schultern	Schulter rechts/Schulter links
Schulterblätter	Schulterblatt rechts/Schulterblatt links
Arme	Arm rechts/Arm links
Oberarme	Oberarm rechts/Oberarm links
Ellenbogen	Ellenbogen rechts/Ellenbogen links
Unterarme	Unterarm rechts/Unterarm links
Armbeugen	Armbeuge rechts/Armbeuge links
Hände	Hand rechts/Hand links
Handrücken	Handrücken rechts/Handrücken links

Handteller	Handteller rechts/Handteller links
Handgelenke	Handgelenk rechts/Handgelenk links
Finger	
Daumen	Daumen rechts/Daumen links
Zeigefinger	Zeigefinger rechts/Zeigefinger links
Mittelfinger	Mittelfinger rechts/Mittelfinger links
Ringfinger	Ringfinger rechts/Ringfinger links
Kleinfinger	Kleinfinger rechts/Kleinfinger links
Beine	Bein rechts/Bein links
Oberschenkel	Oberschenkel rechts/Oberschenkel links
Knie	Knie rechts/Knie links
Unterschenkel	Unterschenkel rechts/Unterschenkel links
Füße	Fuß rechts/Fuß links
Zehen	Zehen rechts/Zehen links
Fußsohlen	Fußsohle rechts/Fußsohle links
Gesamter Körper	
Oberkörper	
Unterkörper	

25. Tätowierungen

Tätowierungen können in verschiedensten Variationen an fast allen Körperteilen existieren. Deshalb gibt es einen Motivkatalog, aus dem die Motivbezeichnung herausgesucht werden kann und den Lagekatalog, um das dazugehörige Körperteil zu benennen.

Der Lagekatalog ist identisch mit den oben unter Punkt 24 aufgelisteten Werten. Es ist ebenfalls die Körperseite mit anzugeben.

Da Tätowierungen gute Identifizierungsmöglichkeiten bieten, sollten sie so ausführlich wie möglich beschrieben werden.
Oft existieren auch Motivkombinationen als Tätowierungsmotiv. Hier sind die wichtigsten Bildinhalte gemeinsam zu erfassen.
Die Motive unterliegen dem modischen Wandel und können sich im Laufe der Zeit verändern.
Sollten die genauen Motivbezeichnungen nicht im Katalog zu finden sein, ist ein passender Oberbegriff zu verwenden. Zusätzlich kann das Motiv oft noch freitextlich beschrieben werden.
Mehrfacheinträge sind möglich.

Motiv-Katalog:

Bild

Fabelwesen

Comicfigur
Drachen
Einhorn
Elfe
Engel
Märchenfigur
Pegasus (geflügeltes Pferd)

Gegenstände/Sachen

Bauwerk
Fackel
Fahrzeug
Flagge
Flamme
Flugkörper
Gefäß
Himmelskörper
Hufeisen
Keltenkreuz
Kette
Krone
Musikinstrument
Schmuck
Spielkarte
Stern
Werkzeug

gemustert

Landschaft

Mensch

Auge
Frau
Frauenkopf
Hand
Herz

Beispiel Motivbeschreibung: Drachen

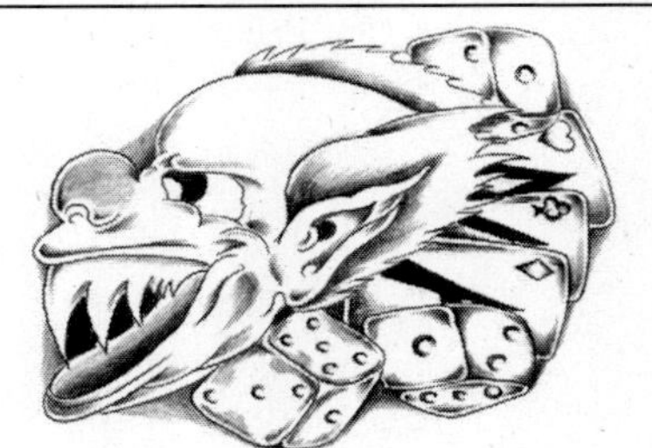

Beispiel Motivbeschreibung (Zockermotiv): Bild; Männerkopf (Clown), Gegenstände/Sachen, Spielkarte, Würfel

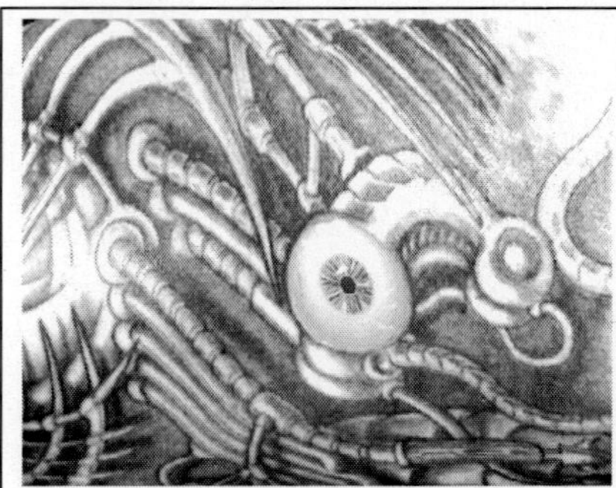

Beispiel für ein Motiv „Biomechanik" Beschreibung: Gegenstände/Sachen, Auge

- Indianer
- Kind
- Lippen (auch Mund)
- Mann
- Männerkopf
- Träne
- Wikinger
- Wikingerkopf

Orden
- Wappen

Ornament (auch Tribal)

Pflanzen
- Blume
- Frucht
- Kleeblatt
- Rose

Politische Motive
- Hakenkreuz

Religiöse Motive
- Kreuz
- Keltenkreuz

Schriftzeichen
- Buchstabe
- Name
- Punkt
- Runen
- Strich (auch Linie)
- Wort
- Zahl (auch Ziffer)

Seefahrermotiv
- Anker
- Meerjungfrau
- Rettungsring
- Schiff
- Seemannsgrab

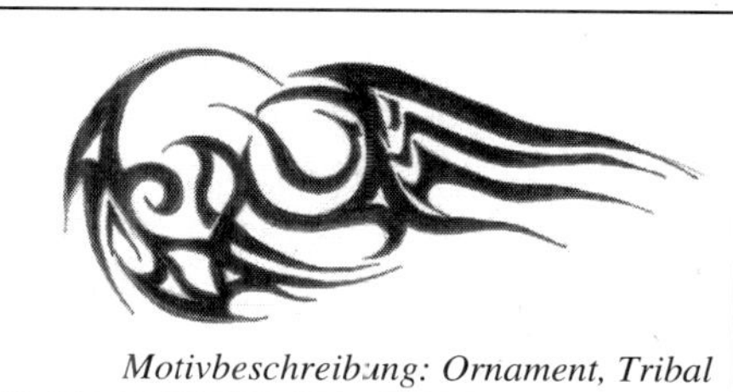

Motivbeschreibung: Ornament, Tribal

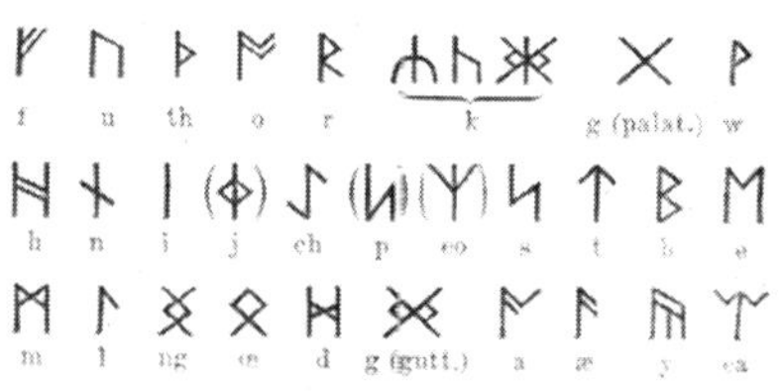

Motivbeschreibung: Runen
einige davon sind auch „Politische Motive"

Wasser   Horoskop - Symbole
Krebs   Skorpion

Motivbeschreibung: Schriftzeichen, Symbol

Vier Tätowierungsmotive: „Seemannsgrab"
(auch möglich: Seefahrermotiv;
Kreuz, Anker, Herz, Schwert

Steuerrad
Tau
Windrose

Sexuelle Motive

Tier
Adler
Delfin
Dinosaurier
Fisch
Fledermaus
Haifisch
Hase
Hund (auch Wolf)
Insekt
Katze
Löwe
Panther
Pferd
Raubtier
Reptil
Schlange
Schmetterling
Skorpion
Stier
Stierkopf
Spinne
Spinnennetz
Tiger
Vogel
Wassertier

Tod
Galgen
Henker
Sarg
Sensenmann
Skelett
Teufel
Totenkopf

Motivbeschreibung:
Bild, Wikinger, Totenkopf, Waffe, Keltenkreuz

Motivart „New School" - Motivbeschreibung Totenkopf, Spinnennetz, Gegenstände/Sachen

Abb. 59: Bsp. für verschiedene Tätowierungsmotive

Waffe

Pfeil
Schusswaffe
Schwert

26. Gesamterscheinung

In einigen Fällen werden zusätzliche Hinweise zum Erscheinungsbild der Person gegeben.

gebeugt

krank

ungepflegt/verwahrlost	unordentliches, schmutziges Erscheinungsbild
gepflegt	normales alltägliches Erscheinungsbild, saubere, ordentliche Bekleidung
sehr gepflegt	mit „Schlips und Kragen“, Sakko u. ä., gekleidet wie ein „Geschäftsmann“

Beim normalen Erscheinungsbild erfolgt oft kein extra Hinweis - nur bei besonders gepflegtem oder ungepflegtem Auftreten wird ein Vermerk aufgenommen.

In den meisten Programmen ist es zusätzlich möglich, spezielle Merkmale, die in keinem der Kataloge aufgeführt sind, freitextlich zu ergänzen, wie z. B. besondere persönliche Angewohnheiten, mitgeführte Tiere oder Gegenstände, besondere Bekleidung, Schmuck o. ä. Als Freitext sind allgemein gebräuchliche Begriffe zu verwenden (weitere Bezeichnungen der einzelnen Details der Gesichtsmerkmale finden sich im Abschnitt A, Kapitel 5, ab Seite 21).

Alle Personenbeschreibungen sollten so ausführlich wie möglich erfolgen, aber dabei auch immer bedacht werden, ob andere Mitarbeiter oder Zeugen die Personen genauso sehen und eine ähnliche Beschreibung abliefern würden.

FACHBEGRIFFE: LATEIN - DEUTSCH

Richtungen

distal	vom Körperzentrum weg/auseinanderstehend
proximal	zum Körperzentrum hin/zusammenstehend
dorsal	zum Rücken hin
ventral	zum Bauch hin
kaudal	fußwärts (Unterbetonung)
kranial	kopfwärts (Oberbetonung)
medial	zur Mitte
lateral	seitwärts
Mediansagittale	Mittelachse (teilt in 2 spiegelbildl. Hälften)
sagittal	Achse von hinten nach vorn (dorso-ventral)
transversal	(horizontale) Querachse v. links nach rechts
vertikal	Körperlängsachse (kranio-caudal)
anterior	vorn, weiter vorn
posterior	hinten, weiter hinten

Messpunkte des Gesichtes

Glabella	Stirnmitte in Brauenbogenhöhe
Gnathion	Kinnspitze
Nasion	Nasenwurzel
Subnasale	Nasenboden
Trichion	Scheitel-/Stirnbeginn
Zygion	Ohreingang

Augen

Angulus oculi lateralis	äußerer Augenwinkel
Angulus oculi medialis	innerer Augenwinkel
Caruncula lacrimalis	Tränenwärzchen
Iris	Augenstern, Regenbogenhaut
Palpebra inferior	Unterlid
Palpebra superior, pars orbitalis	Oberlid (Augenhöhlenanteil)
Palpebra superior, pars tarsalis	Oberlid (Lidplattenanteil)
Sulcus infrapalpebralis/ Sulcus palpebralis inferior	Augen-Wangen-Furche
Sulcus orbitalis inferior	untere Augenhöhlenfurche
Sulcus orbitalis superior	obere Augenhöhlenfurche

Sulcus orbito-palpebralis inferior	Unterlidfurche
Sulcus orbito-palpebralis superior	Oberlidfurche
Supercilium	Brauenbogen
Arcus superciliaris	Überaugenbogen

Nase

Crus laterale der Cartilago alaris major	Seitenteil/ laterale Wand des Flügelknorpels
Septum	knorpelige Nasenscheidewand
Sulcus alaris	Nasenflügelfurche
Sulcus nasolabialis	Nasen-Lippen-Furche

Mund/ Kinn

Fossa mentalis	Kinn-Mulde, lateral des Gnathion senkrecht zur Kinnkante
Incisura mentalis	Kinn-Kerbe
Labium inferius oris pars cutanea	Hautunterlippe
Labium superius oris p. c.	Hautoberlippe
Philtrum, Sulcus nasooralis	Nasen-Lippen-Rinne
Sulcus mentalis	Kinn-Furche lateral des Gnathion parallel zur Kinnkante
Sulcus mentolabialis	Kinn-Lippen-Furche

Ohren

Anthelix	Innenleiste
Antitragus	hinterer Höcker
Cavum/Cavitas conchalis	Muschel, unterer Teil
Concha auricularis	Muschel
Crus helicis	Schenkel der Außenleiste
Crus inferior	unterer Schenkel der Innenleiste
Crus superior	oberer Schenkel der Innenleiste
Cymba conchalis	Muschel, oberer Teil
Fossa triangularis	Dreiecksgrube
Helix	Außenleiste
Incisura intertragica	Zwischenhöckereinschnitt
Lobulus auriculae	Läppchen
Scapha	Längsfurche
Sulcus obliquus	Schrägfurche
Tragus	vorderer Höcker
Tuberculum Darwini	Darwinsches Höckerchen

FACHBEGRIFFE: DEUTSCH - LATEIN

Richtungen

fußwärts (Unterbetonung)	kaudal
kopfwärts (Oberbetonung)	kranial
zum Rücken hin	dorsal
zum Bauch hin	ventral
zur Mitte	medial
seitwärts	lateral
Körperlängsachse	vertikal
Mittelachse (teilt in 2 spiegelbildl. Hälften)	Mediansagittale
Achse von hinten nach vorn	sagittal
(horizontale) Querachse von links nach rechts	transversal
zum Körperzentrum hin (zusammenstehend)	proximal
vom Körperzentrum weg (auseinander stehend)	distal
vorn, weiter vorn	anterior
hinten, weiter hinten	posterior

Messpunkte des Gesichtes

Kinnspitze	Gnathion
Nasenwurzel	Nasion
Nasenboden	Subnasale
Ohreingang	Zygion
Scheitel-/Stirnbeginn	Trichion
Stirnmitte in Brauenbogenhöhe	Glabella

Augen

Augenstern, Regenbogenhaut	Iris
Augen-Wangen-Furche	Sulcus infrapalpebralis/ Sulcus palpebralis inferior
äußerer Augenwinkel	Angulus oculi lateralis
Brauenbogen	Supercilium
innerer Augenwinkel	Angulus oculi medialis
Oberlid (Augenhöhlenanteil)	Palpebra superior, pars orbit.
Oberlid (Lidplattenanteil)	Tarsus superior/ Pars tarsalis
obere Augenhöhlenfurche	Sulcus orbitalis superior
Oberlid-Furche	Sulcus orbito–palpebralis superior
Tränenwärzchen	Caruncula lacrimalis
untere Augenhöhlenfurche	Sulcus orbitalis inferior
Unterlid	Palpebra inferior

Unterlid-Furche	Sulcus orbito–palpebralis inferior
Überaugenbogen	Arcus superciliaris

Nase

knorpelige Nasenscheidewand	Septum
Nasenflügelfurche	Sulcus alaris
Nasen-Lippen-Furche	Sulcus nasolabialis
Seitenflügel	Crus laterale der Cartilago alaris major

Mund/ Kinn

Hautoberlippe	Labium superius oris pars cutanea
Hautunterlippe	Labium inferius oris p. c.
Kinn-Furche lateral des Gnathion parallel zur Kinnkante	Sulcus mentalis
Kinn-Kerbe	Incisura mentalis
Kinn-Lippen-Furche	Sulcus mentolabialis
Kinn-Mulde, lateral des Gnathion senkrecht zur Kinnkante	Fossa mentalis
Nasen-Lippen-Rinne	Philtrum, Sulcus nasooralis

Ohren

Außenleiste	Helix
Darwinsches Höckerchen	Tuberculum Darwini
Dreiecksgrube	Fossa triangularis
hinterer Höcker	Antitragus
Innenleiste	Anthelix
Längsfurche	Scapha
Läppchen	Lobulus auriculae
Muschel	Concha auricularis
Muschel, oberer Teil	Cymba conchalis
Muschel, unterer Teil	Cavum/Cavitas conchalis
oberer Schenkel der Innenleiste	Crus superior
Schenkel der Außenleiste	Crus helicis
Schrägfurche	Sulcus obliquus
unterer Schenkel der Innenleiste	Crus inferior
vorderer Höcker	Tragus
Zwischenhöckereinschnitt	Incisura intertragica

STICHWORTVERZEICHNIS

LITERATURVERZEICHNIS

Autorenkollektiv (2008) Standards für die Identifikation lebender Personen nach Bildern, Arbeitsgruppe Identifikation nach Bildern, www.bildidentifikation.de

Becker P. E. (1969) Handbuch der Humangenetik, Thieme Verlag, Stuttgart

Faust V. Das Gesicht - und wie es sich im Laufe des Alterns verändert, Arbeitsgemeinschaft Psychosoziale Gesundheit, www.psychosoziale-gesundheit.net

Hammer H.-J./ Hunger H./ Leopold D. (1981) Zur Anwendbarkeit morphologischer Gesichtsmerkmale bei der Identifikation, Kriminalistik und forensische Wissenschaften, Heft 44/1981

Heubrock (2007) Die videogestützte Bewegungsanalyse zur Identifikation maskierter Tatverdächtiger, Polizei & Wissenschaft 1/2007

Hogarth B. (1997) Portraitzeichnen leicht gemacht, Benedikt Taschen Verlag GmbH, Köln

Hunger/Leopold (1978) Identifikation, Verlag Barth, Leipzig

Kenntner G. (1975) Rassen aus Erbe und Umwelt - Der Mensch im Spannungsfeld seines Lebensraums, Safari-Verlag, Berlin

Knäpper L. (2004) Nutzung biometrischer Systeme bei der Polizei, Der Kriminalist, Heft 12/04, S. 503-506

Knussmann (1980) Vergleichende Biologie des Menschen (Lehrbuch der Anthropologie und Humangenetik), Gustav Fischer Verlag, Stuttgart

Knussmann R. (1983) Die vergleichende morphologische Analyse als Identitätsnachweis, Strafverteidiger 3; S. 127-129

Knussmann R. (1988) Anthropologie Band 1/1, Gustav Fischer Verlag, Stuttgart

Knussmann R. (1991) Zur Wahrscheinlichkeitsaussage im morphologischen Identitätsgutachten, Neue Zeitschrift für Strafrecht NStZ 1991, S. 175

Kohlhoff W. (1997) Die Bekleidung als Identifizierungshilfe, Zeitschrift „Kriminalistik", 6/1997, S. 421-425

Köhnken G./ Sporer S. L. (1990) Identifizierung von Tatverdächtigen durch Augenzeugen, Verlag für angewandte Psychologie, Stuttgart

Lange (1966) Familienuntersuchungen über die Erblichkeit metrischer und morphologischer Merkmale des äußeren Ohres, Anthropologisches Institut der Goethe-Universität, Frankfurt/Main

MdI Autorenkollektiv (1986) Katalog: Personenbeschreibung, Druckerei des Ministerium des Innern, Berlin

Meurer D., Sporer S. L. (1990) Zum Beweiswert von Personenidentifizierungen: Neue empirische Befunde, N. G. Elwert Verlag, Marburg

Mull G./ Schneider C. (1985) Morphologische Aspekte der menschlichen Individualentwicklung, Unterrichtsmaterial für die Sekundarstufe II, UB 101/9. Jahrg.

Nehse, Wendt (2002) Wie individuell sind Textilien?, Zeitschrift „Kriminalistik", 06/2002, S. 391 - 365

Schade (1954) Vaterschaftsbegutachtung, Schweizerbart'sche Verlagsbuchhandlung, Stuttgart

Scheidt (1931) Physiognomische Studien an niedersächsischen und oberschwäbischen Landbevölkerungen, Verlag von Gustav Fischer, Jena

Schwarzfischer F. (1992) Identifizierung durch Vergleich von Körpermerkmalen insbesondere anhand von Lichtbildern, Kriminalistik Bd. I, Handbuch für Praxis und Wissenschaft, Boorberg Verlag

Snetkow, Sinin, Delang (1981) Das subjektive Porträt, Druckerei des MdI, Berlin

BILDNACHWEIS

Zeichnungen:

Steffi Burrath (1998 bis 2009)
Bildausschnitte aus Gesichtsrekonstruktionen, Handzeichnungen und Zeichnungen mit Unterstützung des Phantombildprogramms „Facette“

Tätowierungsmotive:

www.tattoodream.de und www.wikipedia.de

Fotografien:

Private Lichtbilder

Ich danke meiner Familie sowie allen Freunden, Bekannten und Kollegen ganz herzlich, die sich für die Bilddokumentation in diesem Handbuch zur Verfügung gestellt oder anderweitig mitgewirkt haben.

Besuchen Sie uns im Internet unter:

www.polizeiwissenschaft.de

Hier finden Sie sowohl die neusten Neuerscheinungen als auch schon länger erschienene Werke. Zu jedem Buch können Sie Beschreibungen lesen und Inhaltsverzeichnisse einsehen.

Bestellungen nehmen wir gerne

- online *(siehe unten)*,
- per E-Mail *(verlag@polizeiwissenschaft.de)*,
- Fax *(0049 - 069 - 51 37 54)* oder
- postalisch *(Verlag für Polizeiwissenschaft, Eschersheimer Landstraße 508, D-60433 Frankfurt am Main)* an.

Wir liefern Ihnen umgehend auf Rechnung und **versandkostenfrei**!

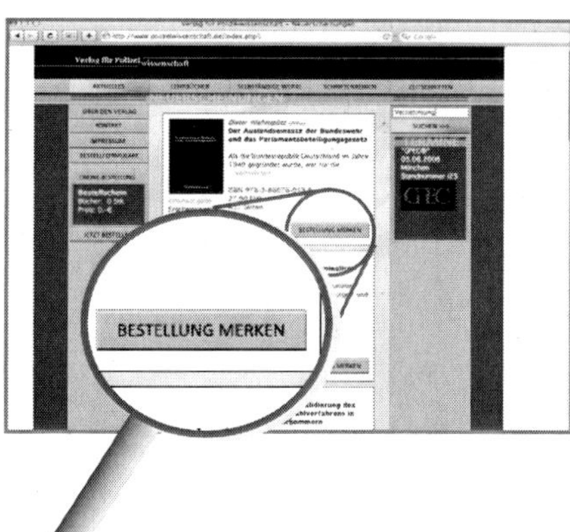

Online Bestellung

Auf der Homepage können Sie nun auch online bestellen!

Klicken Sie einfach...

BESTELLUNG MERKEN

... und schicken Sie anschießend am Ende Ihres Einkaufes Ihren Bestellschein ausgefüllt online ab

Suchmöglichkeit!

geben Sie einfach einen Suchbegriff ein...

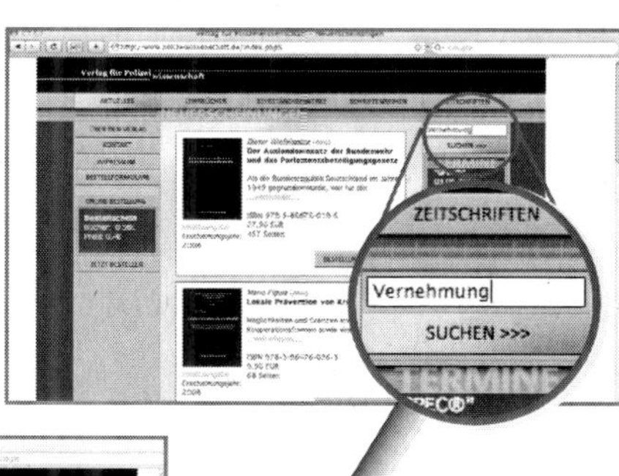

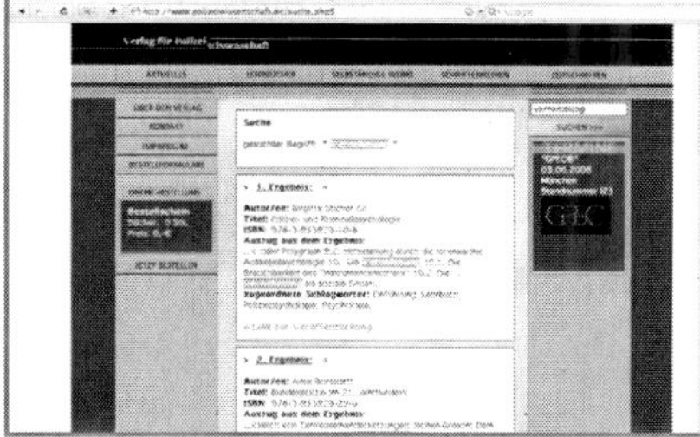

... und Sie erhalten eine Trefferliste mit markierter Anzeige Ihres Suchbegriffs

Newsletter

Lassen Sie sich für unseren Newsletter registrieren und Sie sind immer auf dem neuesten Stand! Sie erhalten bei jeder Neuerscheinung per E-Mail eine Benachrichtigung

Klicken Sie einfach auf ...

NEWSLETTER ABO

... und geben Sie anschießend Ihre E-Mail-Adresse ein. Zur Anmeldung für den Newsletter nun einfach nur noch auf REGISTRIEREN klicken!

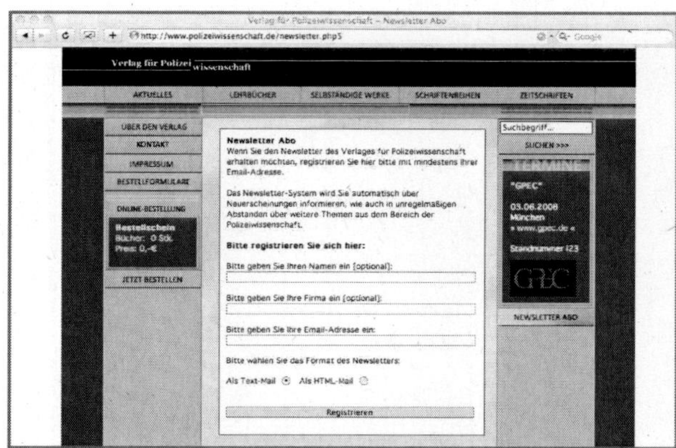